MAKING LIFE
A MASTERPIECE

待在不適合的領域、
衝動控制不了自己、生活無聊至極……
心裡沒有嚮往，人生才會過成這樣！

發掘生命中的
無限可能

奧里森‧馬登——著

孔謐——譯

你是如何決定自己的出路？聽媽媽的話還是看成績落點到哪？
猶豫不決的個性、衝動失控的情緒常常壞了好事？

奧里森‧馬登的成功人生心法——生命有無限可能

教你如何靠著「改變自我」來贏過所有人，
總有一些事是非你來做不可的，待在「天賦」的領域人生才值得！

目錄

CONTENTS

第一章

成就卓越人生

　　紐約報刊的領頭羊在一份社論中如此評論某位知名賭徒之死：

　　「假若此君不是在那麼年輕的時候就成了賭徒，並且在賭場中奮戰經年還屢賭屢勝，人們也許就會傾向於認為，賭博對他而言無非就是一項嗜好，而非其生活不可或缺的一部分。」

　　此君天賦甚高，他所擁有的特質本可以成就其卓越一生。然而，在他的身後，他遺下的名聲無非就是一個「常勝」賭徒。

　　他是個不惜重金下注的賭徒。但他同時也是個誠實的人——他有職業賭家該有的誠信，他還是個心地善良、極為聰明的人，有著良好的判斷力和商業觸覺，所有這些，本都可以讓他在任何一個領域獲得成功。再者，他天生愛慕美好事物，並且因為這種愛慕而不斷陶冶自己的情操。他的業餘愛好就是收集圖書和藝術品，他的藏品無不顯示出他的優雅品味和不凡的眼光。

　　此君若是願意，也許是可以成為人中龍鳳的。然而不幸的是，他早早便選擇了走賭徒這一道路，從而在一開始便抹殺了老天賦予他的一切可能。

　　就在此君故去的一兩週後，全國媒體又報導了另一位先生的逝世。而這又是一位何等傑出的人物啊！他的一生成就卓越，他的品格令人欽佩，他的名聲受人敬重，他還給世人遺留下了寶貴的財富。

從東岸到西岸，每一家報紙都在談論他 —— 不僅僅描述了他輝煌的職業生涯，而且還發表了社論來頌揚他在人道主義方面做出的卓越貢獻，尤其是他為他的國家所作的貢獻：

紐約《世界》報寫道：「沒有幾個美國人能認知到這個國家對約翰・繆爾[01]的虧欠。這是一位有著詩人般豐富想像力的科學家，他深愛著大自然並為世人提出了切實可行的理想，他教會了國家要尊敬自己的財富、要保護那些人力無法複製的財富不受任意的戕害。正是得益於他超乎尋常的熱切宣傳和個人影響力，才有了美國的國家公園及自然保護區。如果不是他的不懈努力，優勝美地谷在今天也許就成為了一片不毛之地，山峰銷蝕、溪流枯竭。而保護優勝美地谷所取得的成果僅僅是一個偉大計畫的開始，這個計畫將保護東西兩岸的森林和溪流不受侵害。」

想想吧！由始至終他居功至偉！儘管要同時面對來自木材商人和巧取豪奪霸占土地之人的敵意，要與現代諸神、物質進步還有人們的貪婪抗爭，他還是有力地實現了他的目標。

即使他不曾做過什麼，僅僅是將大自然賜予這個國家的鬼斧神工從某些破壞活動中拯救出來，這個世界依然無法好

01　約翰・繆爾（John Muir，西元 1838 — 1914），美國早期環保運動的領袖、美國「國家公園之父」。他寫的大自然探險，包括隨筆、專著，特別是關於加利福尼亞的內華達山脈的描述，被廣為流傳。繆爾幫助保護了優勝美地谷（Yosemite Valley）等荒原國家公園，並創建了美國最重要的環保組織塞拉俱樂部（Sierra Club）。他的著作以及思想，很大程度上影響了現代環保運動的形成。

好報答他所做的一切。儘管他的真正職業是一名博物學家，但他在地理、探險、哲學、藝術、寫作和編輯這些副業中所取得的成就，就足以讓任何一個普通平凡的人功成名就了。

當然，約翰・繆爾可不是什麼普通平凡的人，只有那些成就非凡的巨人可與他相提並論。他們當中無論是誰，都不至於在離世時只能留下一個「成功賭徒」的可憐名聲。

每個人的職業圖景都有著各種可能性，它有可能成為一幅堪稱經典的傑作，也有可能成為一幅糟糕、歪斜的劣品。它終將會高懸在文明的畫廊裡，孰優孰劣，任人評說。它充分體現了在其背後的每一種生活，並將這生活如實地向世人展示出來。

我們的職業生涯不僅僅是面向世人的展示，也不僅僅是為人類的文明做出的貢獻，它還是我們呈現給造物主的陳列品，將向造物主講述我們是如何利用他賜給我們的種種天賦才華的、我們又是如何為了發揮這些才華而用心投入的，還有就是我們從中又得到了些什麼。簡言之，這是我們呈遞給造物主的終極報告。

人類歷史中最令人哀嘆的事情莫過於看著一個人把自己的種種機遇、無限可能通通輸光，直到他接近生命盡頭時才幡然醒悟，原來終其一生，他都在虛耗自己的大部分才能，事已至此，他那本可成為大師級傑作的職業生涯就只能以一

幅汙點重重、不堪入目的醜陋之作作結。

記住，你會成為怎樣的人、你會受世人尊敬景仰還是受世人唾棄、你是否能獲得造物主的首肯——所有這一切，統統掌握在你自己的手裡！無論你抽到怎樣的籤，這世上都沒有什麼力量可以阻止你成為你該成為的人、成為一個成就卓越的人，沒有力量可以阻止你讓自己的生活成為經典。

你一輩子能賺多少的錢，這多少會取決於運氣，但是，你最終會在職業生涯中成為一個怎樣的人，則絕對是取決於你自己，而且不必一定要經歷水火淬煉或是恐慌大難，也不會受到居無定所、人心叵測或是世事無常的影響。

林肯就曾說過：「我不是一定要贏得我嘗試爭取的東西，但是我一定要頂天立地，我一定要成為一個忠於自我的人。不能做到這點就是可鄙的懦夫。」

職業世界裡風雲莫測，各種物質上的不幸甚至災難實非人力所能阻止或是扭轉，但是，即便是職業生涯遭受破壞，一個人還是能夠讓他的人生成為經典傑作的。即使一貧如洗、身無分文，還是能傲然地成為一位卓越人物。

看看今日的比利時，千千萬萬的人失去了曾經擁有的一切——他們的職業、他們的家園、他們的謀生飯碗，殘酷的戰爭吞噬了他們的一切，使他們一貧如洗，但比起當初受到命運垂青之時，現在的他們卻更強大、高貴，更受人尊敬。

很多時候，他們妻離子散，甚至妻兒已被流彈所殺或是死於饑餓乾旱，但即使面對如此慘痛厄運，他們依然不屈不撓，他們的脊梁仍在，他們沒有被自己的名聲抹黑，他們的氣概堅不可摧——炸彈炸不倒，連加農炮也無法將其粉碎！

那些受我們推崇的人士，那些令世界為其樹碑立傳的人士，他們的成就更為巨大、輝煌，遠非費心機賺錢財的行為可比。那些只懂得擺弄錢財的人在人們的價值觀裡只能占據一個極為低微的位置。也許整個世界有時看起來有點冷酷自私，但是這個世界從未以貪婪和自私為榮。最終，世界珍視與懷念的還是那些能體現出人類價值觀中更好一面的人。

人的天性讓我們會本能自發地鄙視自私，鄙視那些貪得無厭只會一心想著為自己謀利的人。同樣地，人的天性也會讓我們發自心底地熱愛那些樂於做出無私奉獻的人。我們知道，這樣的人才是社會的中流砥柱，這樣的人對人心的鼓舞作用實在是無法計量。

當愛默生[02]一年只能賺 1,000 美元的時候，他對人類的貢獻比起同時期的任何一位富翁都要巨大。麻薩諸塞州康科特的小鄉村就因為這些偉大的靈魂而能在歷史垂名不朽——愛默生、朗費羅、露易莎・奧爾珂德及其前輩瑪格麗特・福

---

02 拉爾夫・沃爾多・愛默生（Ralph Waldo Emerson，西元 1803 ～ 1882），美國散文家、思想家、詩人。

勒，以及其他新英格蘭的著名文人學者。就是這樣一個小小的鄉村，它對世界的貢獻遠多於任何一個大城市。愛默生的聲音就如萊辛頓的槍聲一樣遠播全世界，起源於那裡的信仰已然滲透到世界的各種信條中。

似乎很多人都不認為他們有責任讓自己的生活盡其所能地充實、成功。但其實，這正是我們立世的要義所在 —— 從自己身上把造物主所精心塑造的真實自我展露開來。要想忠於自我，我們就不得推卸此責任。每一個人，與生俱來便有其神聖的使命，而好好完成此使命、以此使命為榮，不去歪曲它也不去迴避它，是每個人必須完成的事。這個使命應是我們的終生追求，追求高尚人格的不斷進化，實現人類所能達到最輝煌的成就。

如果一個人不能認知到他的生命充滿無限可能、大有成就卓越的機會，不能意識到破壞或是寵溺這樣的生命都是一齣悲劇，那他是無法發揮出自身的最大潛能的。如果沒有這樣的理想、沒有遠大的抱負，沒打算讓自己的生命獲得成功、充滿意義，沒打算竭盡所能建立最圓滿、最傑出的人格，那這個人是不可能取得真正成功的。

我們的職業目標不應僅僅是謀個果腹的飯碗，在造物主的計畫裡，這是順帶出現的，對比起實現自我的宏大動機，這不過是次要的事情。表達自我、充實自我，實現個人

成長、聆聽使命召喚，運用起意志、肉體和靈魂的全部力量
——這才是一份工作或是專業的真正意義所在。

　　如果我們從每日的工作中只能看到租金食物、衣服蝸
居、各式稅項以及一點點愉悅或者其他次要事情，那我們還
真是白過了一生。

　　這樣看待工作是膚淺低級的。要知道這些都只是生活多
變的一面，而且往往會成為過眼雲煙。

　　若想把握機會做個頂天立地的人，將造物主賜予我們的
才華充分展現出來，那我們就該這樣看待工作：對比起那些
能成為傑出人物、能助人最大限度提升其人格氣概的機遇，
我們透過施展才華所賺來的那些薪水報酬，都不過是讓我們
獲得一點瑣碎狹隘的滿足感而已。正如愛默生所說：「人是萬
物之靈，是他們為周圍一切冰冷的事物注入了靈性。」

　　就我們的生計而言，造物主本可讓樹上垂掛糧食供我們
果腹，本可讓我們免於單調的勞苦，但是，在造物主的計畫
裡，我們的生活裡還有一些比男女飲食更為宏大的事情。我
們被送到世上，就是要接受磨練，生活就是一所優秀的大
學，讓我們釋放心靈，讓我們習得品格。所以，當我們還有
機會選擇此生的工作時，我們應該記住：選擇那些能發揮自
身最大潛能的工作，而不是能積賺最多金錢的工作。

只要我們為人正直，致力自我發展與提升且嚴於自律，那我們能賺多少糊口錢並不是什麼很重要的事情，我們的真正目的應該是獲得個人力量。

　　成就卓越的人生並不就意味著一個人必須從事高等職業，必須要做些出色而特別工作或者參與學術研究，其實每一種的工作都是尊貴傑出的。很多人只是擔任補鞋匠，卻讓工作變得受人尊敬。還有許多的農夫，他們深諳土地的特質並動腦去耕種，讓耕作變成了一項偉大的專業，也成就了自己經典的生活。當伊萊休・伯里特[03]在一家鐵匠鋪裡鍛造鐵砧的時候，他其實就是在鍛造自己的生活 —— 鍛造一幅經典的人生畫作。

　　也許，有時為了生存，我們要做一些事情，這些事情暫時未能企及我們的最高理想，但其實，只要我們願意，我們也可以同時讓生活更有意義。有一句古老的諺語這樣說道：「如果你有兩塊麵包，請賣掉一塊，並買些白色的風信子去滋養你的心靈！」。無論一個人從事什麼職業，那些可以讓你變得更有見識、更為寬厚、更加高貴的事情，那些從長遠來看，肯定遠比股票和債券更值得你去投入的事情，都是值得你隨時投入身心去做的。無論你的工作是什麼，是洗碗還是

03　伊萊休・伯里特（Elihu Burritt，西元 1810 ～ 1879），美國外交家，慈善家和社會活動家。他是一位多產的講師，新聞記者和作家，曾廣泛遊歷美國和歐洲。

挑扁擔的，只要你有決心，你都可以成為一匹千里馬。在每天的日常瑣事中，你都可以遵照那些高標準來要求自己並將其付諸實踐。最卑微的工作也可以因為被注入其中的精神而變得高貴動人。

在我們國家的早期歷史中，那些最高貴的人物中不乏鞋匠、補鞋匠、農夫、苦力。然而，人們往往會更關注從事這些工作的人，對於一個人何以會憑這些工作謀生卻不會太過關注 —— 即使那是些受人尊敬的工作。

我們是如何完成工作的與我們憑藉什麼工作謀生一樣，其實並不太重要。重要的是我們關注在工作中的精神 —— 自造物主創世開始便是如此重要。

你不能總是靠賴以謀生養家的工作來判斷一個人的真實性情、品味以及他的興趣愛好。最能展現一個人特質的，是那些他在完全自由之時做出的自願選擇，他在無所拘束之時的隨心行動，以及他傾注於每日瑣事中的點滴精神。

不久之前，一位窮困年輕人對我說：「我一定要讓人生充滿意義。」這是非常了不起的決心，因為這份決心背後受遠大的抱負所支撐 —— 他有堅定的目標，他要做個對人類有貢獻的英雄。

這位年輕人白天努力工作，晚上則到夜校學習，他總是利用分分秒秒來提升自己。

這樣的堅定認真會讓這位年輕人無往不勝，這樣的一種決心給我們帶來了林肯、安德魯·傑克森（Andrew Jackson）、愛迪生、約翰·繆爾 —— 也正是這樣一種決心給我們帶來了這個國家的所有偉大人物，無論他們是土生土長的，還是歸化入籍的。

一個人的生活中還有比實現人生意義更為遠大高尚的抱負嗎？一個鄭重其事去努力嘗試的人是不大可能遭遇失敗的。

然而不幸的是，孩子們對生活或者職業往往並沒有正確的認知。他們當中很多人都是抱著這樣的信念長大的，那就是，生活意味著盡可能多的享樂、要讓自己盡可能過得舒適安逸，並且盡可能地了無牽掛。而抱有這種觀念的孩子長大後，就會將從業看作為了滿足身體基本所需而不得不履行的責任，本可以成為人生快樂泉源的工作過程卻成了他聊以度日的痛苦體驗。他們當中沒有多少人能得到適當的指導，沒人去教會他們，一個人的職業應該是一種可以助其成長的工作，可以讓他獲得精神、心靈、體魄三重的健康與發展。

今天我們最需要的就是那些能教導人們如何生活、如何讓謀生之道成為藝術之巔的機構、學院，讓人們不僅僅是埋頭糊口。實事求是地說，自律、耐心、體貼他人、正確的看待生活、堅定秉持正確態度、恪守遵行耶穌的理想 —— 所有這些對比起單純的學術訓練都更為重要。

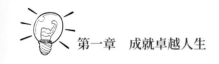

　　我不是在貶低教育，教育極其重要。那些從不願意為了獲得盡可能好的教育而努力或者做出犧牲的男孩女孩們，他們確實是永遠沒法成就卓越出色的人生。但教育也只是讓我們掌握了一門技能而已，我們或許可以憑藉這技能來謀得工作，但這卻不一定能讓我們活得精彩而富有意義。一個人要是自私自利，對其族群沒有貢獻，那麼無論他的教育程度如何，他的職業是什麼，他都只是個大失敗者。他的生命自然也不會是一幅經典傑作，只會是又一幅不堪入目的陋作。不管他擁有怎樣的學識、財富或是社會地位，他都沒能充分實現造物主授予他的重大任務 —— 憑藉自身的條件充分發揮潛能、實現自我。

　　可是我們往往看到的是什麼？是一些極富才智、大有成就的人鑽到錢眼裡去了，完全看不到生活的神性一面。

　　在生命之書《聖經》中，有一段最值得我們深入學習的內容，那就是：「生命遠勝飲食，身體遠勝衣裳。」

　　人生在世，最大的過錯莫過於耗盡我們全部的心血去講究飲食、衣著乃至房屋等身外之物，卻只拿出零星點滴的時間和精力去關注自身價值的實現。

　　怎麼會這樣呢！事情應該反過來才對。

　　果腹之物、遮羞之布以及頭上片瓦，對比起自我價值的實現，本來都應只是附帶之事！

如果說我們完全不用考慮物質狀況，那會是一派胡言；只要我們軀體猶存，我們還是需要滿足衣食住行，還是需要親自動手動腦去滿足這些基本需求的。但關鍵在於，我們不必讓自己深埋於賺錢糊口的問題中無暇他顧 —— 但這些必須是從屬於我們的更高層次需求的。就如西奧多・帕克[04]曾說過的：「你能從生活中得到的最好回報不是金錢，也不是單獨由金錢帶來的東西。你應該拿出努力賺錢的心態來努力培養你的人格，並全力以赴來擁有你的人格。」

與其每天花上十個小時甚或十二、十五個小時去追逐錢財，卻無暇去思考如何善待他人、如何為他人作貢獻，還要落得筋疲力盡，最終卻在一日完結之時沒有給生活沉澱下什麼，也沒有給家園和家人累積下什麼，只留下了日漸枯竭的活力，還不如把這些看作每日例行之事的根基。

「幫助你兄弟的船設法到岸時，你自己也就到達了岸邊。」這是一句古老的印度諺語。即使是最平凡的工作，也會因為在忙碌日子中一次又一次的無私服務而變得光榮。一個微笑、一句喝彩，或者是對沮喪心靈的一次安慰，都會是生命畫卷中最優美持久的一筆。

04　西奧多・帕克（Theodore Parker，西元 1810 ～ 1860），美國神職人員。同拉爾夫・沃爾多・愛默生和威廉・埃勒里・錢寧一樣，帕克也是新英格蘭先驗主義者。身為一名廢奴主義者，帕克曾為逃跑的奴隸提供幫助，是協助約翰・布朗襲擊哈珀斯費里軍工廠的祕密委員會成員之一。此外，他也曾為禁酒運動、監獄改革以及婦女權利而奮鬥。

　　人不是一架由外界力量推動的機器，他的動力應源於內在。他完全可以選擇自己前進的方向，每一天他都可以滿懷信心的對自己說：「沒有資本、沒有影響力，也沒有吸引力，沒錯，即使要面對來自他人的阻力，我也會忠於自我，我會成為一個有價值的人並讓自己的生命傑出精彩。」

　　「我自己才是我所擁有的最大動力。那個可以摧毀我的職業、讓我無法成功的人只會存活於我的皮囊之內。」

　　「所謂命運、天數都不可壓倒我。在天父腳下，我就是決定自己命數的人，我是命運的主人，我是自我靈魂的領航人。」

第二章

腳踏實地的夢想家

　　最近，一個徹頭徹尾的失敗者自吹自擂說，至少，在一件事情上他從不曾有錯，那就是 —— 建造空中樓閣。

　　我的朋友啊！我認為，或許那就是導致你淪落到今天這一地步的原因所在。如果你把大好的青春年華都花在了建造空中樓閣上了，而且還不曾付出一點努力去嘗試為其打造基石，那麼到了今天，你很有可能還在這些虛無仙山中自鳴得意呢。

　　有些人則極為輕視夢想家，他們以自己臻於極致的腳踏實地為榮，並且喜歡把建造空中樓閣的行為斷然視作愚蠢之事。然而，世界歷史上的每一項偉大成就，在一開始時無不都是為了最終實現成就某個人心中的一個夢想、一個預言而已 —— 那時它只是個「空中樓閣」，是個虛無縹緲的夢想，還沒有真實、牢固的結構，只有想像中的模糊輪廓。

　　然而實事求是地說，在一座真實可見的建築得以落成之前，還是先需要有一座「空中樓閣」的 —— 那就是動手開建之前訂立的計畫。同樣重要的是，你還必須不辭勞苦地砌磚、刷漿才能把它真正的建起來，不然的話，計畫永遠只是計畫，樓閣也只能繼續飄懸於空中。

　　我們的念頭和理想要是不經我們付諸實踐的話，它們就永遠不會成真。在腦海中勾畫出虛幻的結構並無甚不好，但我們還必須將它們帶到現實中，為它們奠定堅實的根基，否

則，這些「空中閣樓」不會給我們自己或者世人帶來任何益處。當它們依然是虛幻之物時，那都是不切實際的，如果不能跳出這種幻境進入現實，這些「空中閣樓」的存在不但對我們沒有益處甚至還可能會對我們有害。

如果你能在夢想的同時堅持不懈地為你腦海中這片無形建築打造基礎，那你就是走在一條光明大道上了。即使別人說你愛做白日夢、說你好高騖遠或者說你不切實際，你也不用太過介懷，因為你有為數不少的同道中人呢。實際上，所有的發明家、發現者以及很多在過去取得了偉大成就的人，他們都曾被人譏諷為「不成大器的人」，被人視為一事無成的人。當他們在做計畫去完善自己想法、在腦海中勾畫他們眼中的作品時，那些冷嘲熱諷的人就會取笑他們，說他們是無所事事的好高騖遠者，說他們在浪費時間。但是，正是這些所謂的「好高騖遠」者、這些所謂「浪費時間」的人，最終卻向世人證明了他們才是最腳踏實地的人，最能為人類做出貢獻的人。

想想艾利司·哈維吧！人類文明該如何給這樣一位夢想家記功呢？正是他堅守自己的夢想，最終造出了縫紉機。還有伊萊·惠特尼的軋棉機夢想，當初又有多少人能預料到這給生產製造業帶來的革命性突破以及給南部窮苦人民帶來的巨大轉變呢？想想吧！那些科學上的夢想給農民們帶來了多

少好處 —— 那些夢想讓他們能開動腦筋去耕作土地，讓他們免於各種重活之苦。

還有，我們身處的這片熱土，這片讓我們在過去與今天都可以擁有「美國夢」並且可以夢想成真的熱土，不正是哥倫布當年夢想的結果麼？只有一個精力充沛且腳踏實地的夢想家，才會在面對一群將行叛變之數並打算將他囚禁的船員之時，依然能堅定不移地日復一日向西航行。

今天這片大陸上的文明就是夢想的結果。每一個城市都是一個夢想。當我們的開國先賢們剛剛踏上這片土地的時候，這裡還有印第安人和野獸出沒，先賢們手裡握著的就只有他們自己的勇氣。然而，就是在這樣一塊不毛之地上，就是依照他們腦海中的空中樓閣，他們建起了我們的家園、我們的城市、我們的各種機構。我們的憲章，就是在傑弗遜、亞當斯、華盛頓、漢考克以及其他一批夢想家的夢想激勵下寫就的。在國家發展的進程中，最珍貴、最高貴也是最好的東西，就是我們在建國初期的種種夢想。

我們的先輩懷抱著夢想，夢想有一天從拘束他們的勞苦中解放出來，可以輕鬆舒適地遠行。夢想著有一天可以與世界各地的人們迅速方便地溝通。他們夢想有個舒適、華貴的家 —— 而今天我們已夢想成真。我們今天所享用的一切發明創造、發現改進、各式器械，所有這些，都是前人夢想創造

的最終結果。

芝加哥就是一個不到百年之前出現的願景的結果——而這個願景是發源於一個小而散亂的印第安人交易場地。鹽湖城則是楊百翰的一個夢想，而今夢想已經變成了現實。

過於「講求實際」的朋友們啊！那些被你貶為純粹在做白日夢的人，也許正過著一種更為踏實的生活，也許還擁有那些你吹噓誇耀的智慧。所謂夢想給事物注入的潛在而真實的力量，不是那些「實際」之人可以明瞭的。只要我們誠心去實現夢想，而不是光在空想，那我們自身深處的一些東西就會啟動，就會來幫助我們實現這些夢想。

貝爾教授和他的父親的夢想為大量生活在無聲世界裡的聾啞人士開啟了一個全新的世界。而如果沒有馬可尼的夢想，誰又能預計如今會有多少人沉睡於海底呢？不僅僅是 1,600 人，而是所有泰坦尼克號上的乘客都可能葬身海底。這位年輕人的夢想不僅僅拯救了大量的生命，還挽救了許多的船隻、財物——而正是這一夢想，卻曾遭受到夥伴們的嘲諷，譏笑說他「太不切實際」。

僅僅在數年之前，任何一個人要是認真地談論著憑藉機械在空中飛行，那麼聰明人肯定會不無憐惜地看著他，並可能立刻將他掃進怪人或者瘋子的名單裡。可如今，飛船已經不是什麼稀罕事物，而人類在空中飛翔也不再會引起一陣陣

大驚小怪了。萊特兄弟在這個國度繼承了蘭利[05]教授以及其他前輩們的夢想，並且最終將夢想變成了現實；而這些先輩們當初是在沒有任何回報的情況下不辭勞苦進行研發的。人們把蘭利教授建造的飛行器叫作「蘭利的蠢貨」，而在教授故去之後，人們才發現，這架飛行器是可以成功起飛的。

　　有關天才和藝術特質有多不可靠，我們肯定已經耳聞甚多了，但是，我們曾否好好想過，那些讓我們享受視覺盛宴並激發我們種種想像的優美畫作、那些觸動我們靈魂深處的美妙音樂，還有那些以高尚事蹟激勵我們的詩歌和文章 ——所有那些美妙的作品，最初都是藝術家、雕塑家、作曲家、詩人和作家心中的一個夢想。

　　歷史上的許多大師都曾受到同儕的挑剔，被指為是空想之人，但到了今天，我們都認知到，他們心中的藍圖、他們的「空中樓閣」其實都是無價的經典傑作。我們今天所擁有的一切寶貴事物，都是人類數個世紀以來的思想和辛勞的結

05　塞繆爾‧皮爾龐特‧蘭利（Samuel Pierpont Langley，西元 1834 － 1906），美國天文學家、物理學家，航空先驅，測熱輻射計的發明者。西元 1890 年代，蘭利仔細研究了空氣動力學原理，試圖從鳥類飛行中獲得啟發研製飛機。1896 年 5 月 6 日，蘭利在華盛頓附近的波多馬克河上進行了無人飛機模型的試驗，該模型飛機從船上彈射起飛，飛行了大約半英里。這次飛行在航空史上被認為是比重大於空氣的飛行器進行的首次持續動力飛行。同年 11 月 11 日，他的另一架飛機模型又成功飛行了五千多英呎。隨後，蘭利獲得了美國政府 5 萬美元以及史密森尼學會 2 萬美元的支援，試圖建造一架有人駕駛的飛機，並僱用了查爾斯‧曼利作機械師和飛行員。1903 年 10 月 7 日和 12 月 8 日，蘭利的飛機在波多馬克河上兩次試驗失敗，飛行員曼利被人從水中救起，沒有受傷。報紙對蘭利設計的飛機進行了猛烈的抨擊。1906 年蘭利在南卡羅來納州的艾肯去世。雖然他動力飛行的願望未能實現，但為後來的飛機設計者留下了很多有益的啟示。

晶，都是誕生於想像之中的，都是某些人的創意。

我們之所以擁有夢想的力量，是因為我們有個神聖的目標。世上有數百萬的人，他們不能忍受現狀，因而不得不擁有自由穿梭於夢幻世界的能力。要是沒有這種逃離殘酷環境的力量，他們可能會變瘋的；這種力量讓他們可以遠離痛苦，可以沉醉於美妙的極樂夢幻世界中，只與自己的想像為伴。

對那些困於憂愁境況中，忍受這貧困、挫折、失敗所帶來的陣陣劇痛的人來說，這是一種怎樣的解脫啊！還有那些受到不理解自己或是不愛自己之人束縛的人，能夠進入這樣一個夢幻境地，至少是暫時的，可以享受和諧、溫馨和喜悅，又是一種怎樣的慰藉啊！當能超越於煩惱苦悶以及每日擔憂之上時，一個人將會是何等的心曠神怡啊！同時獲得身心力量，一切就猶如在夢想國度裡來了一次精神洗禮！

在我的社交圈中有一位魅力超群的女士，她有過痛苦悲傷，也曾失去很多，那真是沒有多少人會經歷的命運劫數，但是她宣稱，所有這一切都是為了幫助她救贖夢想 —— 或者如她所說的「覺醒後的願景」。儘管年月流逝，她失去了所有的摯愛之人，而且不得不極度節儉以防入不敷出，但是她卻更為討人喜歡了，而且比起少女時期更有魅力，而這僅僅是因為她能隨心所欲地擺脫眼前的困境，進入到自己用想像構築的美妙世界裡蕩滌靈魂。她斷言，她在那裡所聽到的和

音，比起人類所能聽到任何人聲或是樂器之聲都更令人心醉神迷；她在那裡所看到的美麗比起肉眼所能看到的任何景象都更臻極致。

能夠提升自我境界，在一個和諧、美妙而真切的世界裡與天父同在，至少是暫時地擺脫了那些讓我們滿心憂愁的問題並且讓自己的靈魂煥然一新，這實在是慈愛的天父贈予我們的最偉大天賦。

總有一天，人們會恰當地運用想像力，將其用作教育、培養，或者是創造快樂的泉源，並會將其作為一門學科去傳授。到那時，人們就能學會如何控制並且引導自己的思考能力，讓其透過不同的途徑去實現各種有建設性的事情。

那些不能腳踏實地的夢想家卻將他們的絕大部分時間都花在流連於夢幻世界裡了。那些人似乎永遠都不會發覺，這是一個甚為實際的世界，他們很少會立足於現實，他們的空中樓閣就真的只能是空中樓閣，他們不會為自己的構想添磚加瓦使之成為能與其相伴的實際物事。

一個能把自己的想像付諸實踐的才俊，比起十個只會一直流連於夢幻國度的天才更為有用。所以，我們常常會在這裡那裡看到，一個平凡但富有才華的誤食者會將十個天才空想家遠遠拋在身後 —— 因為那些空想家除了做夢不會做任何實事。

我們對社會究竟多有用，不是以我們想到了什麼或承諾了什麼來考量的，而是以我們的實際成就、我們所創立的事業或是我們為後來者取得成功而打下的根基來考量的。

我們一些最偉大的先知、破舊立新的先驅，他們之所以會在其身處的時代被稱作夢想家，那是因為他們的願景無法在其生時實現。他們的偉大貢獻在於指明路向、在於照亮通向新真理的第一步。曾經，由異教徒統治的世界把耶穌的信徒們稱為「幻想者」、瘋子，因為信徒們所宣講的那套道德倫理實非他們的同時代人可以理解的。即使是由耶穌本人挑選的那一小群傳道者，那些他期望可以繼承他衣缽的人，也會不理解耶穌。就連耶穌自己，也被譏諷為空想家，受人嘲弄、唾棄，甚至被看作一名煽動叛亂的傳教士，最終因此受虐至死。

每一個時代都有很多被人稱作「夢想家」的人實際上是時代的先知，他們預言了那些在將來充滿可能的事情。當整個世界都未能看到未來的方向之時，他們已經能看到光亮，看到了最終夢想成真的可能性。沒錯，他們當中很多人未能看到預言成真，在黎明前的黑暗裡湮沒於土地中，但是，他們為後繼者能走上正確的道路而打下了基礎，當年的空中樓閣成為了如今的宏偉宮殿。

再想想我們的開國先賢們的民主夢想又給世界帶來了多

少裨益吧！正是這個夢想在過去推倒了王座、推翻了君主制，並且這個夢想正變得越發栩栩如生且更有力量，到了今天，人類甚至真的在談論建立一個世界共和國。

有許多的事情可以讓人們卻步，其中之一便是他們那愚蠢的習慣 —— 扼殺自己的抱負，壓抑自己夢想的傾向。他們會對自己說：「我去夢想自己將來能做些什麼美妙的事情又有何用處呢？這些成就不會降臨到我頭上的。我又不是什麼天才，還是安於一份普通的工作吧！」就是這些消極的想法與斷言冷卻了他們青春的熱情，讓他們的抱負消弭，讓他們的理想枯萎，生活中缺失激勵，而終日渾噩於單調枯燥的例行瑣事中，遠離他們本可到達的境界。

無論你做什麼，千萬別壓抑自己對夢想的喜愛。你心底的渴望並非空洞的大話，它們其實孕育著未來的實事，人天生就應該要去追求、奮發向上。那些只能看到眼前已有現實的人是無法前進的，只有那些富有遠見、能預見未來的人才能不斷前進。

一個人沒有洞察力與夢想，就會一直是狹隘、受限的。如果他是個商人，會受制於每日的例行公事，埋頭在帳簿中；他只會對眼前實物有興趣，不會對想法有興趣，只關心如何賺錢，對其他事情不屑一顧。他無法與人談論音樂、藝術或是書籍。他也不關心政治、哲學、心理學或者人類的福祉。

他的心靈已困於種種物品所設下的限制中，以自我為中心畫地為牢。他覺得拷問心靈是毫無意義的。他會告訴你，讓他一個人好好待著已可以讓他滿足，只有想接觸到物品時他才會走出自己畫下的牢界。他從不努力向上，他也從不會有抱負，他只會匍匐前行，而且沒有任何想像力，他實際上已經作繭自縛了。

如果一個人某天覺得，他已過了可以夢想的年齡，他再不會在心中建造「空中樓閣」，也不會再嘗試刻畫他要在未來動手去做的事情，那真是很悲哀的一天。

想像力意味著希望，如果沒有想像，那我們不過是行屍走肉而已。

每當聽到一些中年人士談論說他們已經沒有願景、他們可以做夢的好年歲也已經結束，這總是會讓我感到很遺憾。當一個人主觀上抱有這樣的想法，認為到了某個設定的年齡時，他便到達了力量的巔峰，此後不久他的生活就會走下坡路，那實在是沒有比這更不幸的事了。其實，我就見過一些已經五十、六十歲的人士，他們的身心活力和精力比他們十五、二十歲時還要旺盛。我們在所有日子中的狀態都該是不斷向上的，而不是向下的。生活就應該是不斷地攀上高峰，奏著凱歌邁向成功。

對我們來說，沒有藉口讓自己在告別青春年歲之後變得

黯淡古板，也沒有理由讓自己停止陶冶心靈和精神上的修養。我們既有責任去好好享受人生的每一階段，也有義務讓自己於世有益。要是我們自憐自艾、悲觀厭世，我們是無法對身處的世界有所貢獻，因為憂鬱會抑制一個人的能力，更會磨去一個人的銳氣，侵蝕其理想。

　　只要我們正常地生活，並且盡力做好我們手中的事情，二三十年過後，我們累積的經驗、知識和智慧，以及我們在長期自律生活中累積的力量，會充分的彌補我們流逝青春中敏捷與活潑。只要我們堅守我們的願景，我們的心境就會保持年輕，而一旦沒有願景，人就會衰老、透支甚至消亡。遠大的理想、高尚的思想、高貴的目標、有用的嘗試，還有仁慈、樂觀，以及開明的思想 —— 這些都可以讓人不斷成長，並且讓人到了耳順、古稀甚至期頤之年依然青春常在而不是暮氣沉沉。

　　你是五十歲還是十五歲，這其實並不重要，只要你放飛自己的夢想，你就很有可能會發掘出一些你原來都不知道自己已擁有的力量。事實上我們很多內在的力量尚未曾釋放出來，因為我們不知道如何可以駕馭這些力量，我們往往也不知道這些力量是什麼，但我們總能感覺到軀體之內有一些能量在躍躍欲試，如果這些內在的能量可以被好好利用和發揮，它們會出色地協助我們獲取成功的人生。其實，發揮這

些隱藏能力的方法就是極盡所能去讓你的夢想成真。人腦所能想像到的東西無一是不可能實現的。今日的夢想者就是明日的實務成就者。「而且他們永遠都是讓自己夢想成真的夢想家。」

心靈就是理念和理想的寶庫，是我們職業生涯的設計師，它能讓我們成功或者失敗，也能讓我們身處天堂或是地獄。我們不必等到靈魂出竅那天，才能發現幸福或者痛苦，透過製造夢想，我們此時此地就可以體驗不同的感受了。

我夢想中的天堂是個美麗得令人難以置信的地方，沒有一絲的不安、衝突，更沒有災難與傷痛。在我看來，那樣的世界裡沒人會嫉妒，沒人會利用他人，大家只會彼此關心對方的幸福。在我這個夢幻的天堂裡，每個人都做著自己最喜歡做的事情，並因此歡欣喜悅，每個人臉上都映照著和諧與友愛的光輝。到處都充滿著幸福的氣息，矛盾與動盪根本沒有容身之處，人們也不知憂愁與失望為何物，恐懼的陰影更是無從降臨，這裡，大愛至上 —— 這樣一個夢幻天堂是有可能出現在這個星球上的。

第二章 腳踏實地的夢想家

第三章

機遇在何處

　　蘇特爾船長是一位來自瑞士的移民，他在四十多歲的時候從一名加州人手裡買下了一塊地，並在科洛納的美洲河河畔建立了一座鋸木廠，那裡離現在的沙加緬度（Sacramento）不過幾里路遠。那裡有一條引水入廠的管道，一天蘇特爾手下的馬歇爾在管道堤邊的土裡發現了些閃閃發光的黃色小點，於是他搜集了一小撮並把它們洗乾淨再帶回去。那晚，當大家下班之後，馬歇爾對他們說：「我想我發現了一個金礦。」這就是西元 1848 年大淘金熱潮的開端，那時來自美國各地的人都湧到了金門。

　　那個把土地賣給蘇特爾船長的人從來不曾想過自己賣出去的是一個金礦。他長途跋涉去尋找一個更好的機會，希望找到一筆比他低價賣出的土地更為可觀的財富，可是就我們目前所知，他沒有發財；但是從他的老農場中挖出的金礦石據說價值 4,000 萬美元。其中一位土地持有人據其所擁有的股份，每 15 分鐘便能從中分到價值 120 美元的金子，如此盛況不分晝夜地持續了很多年。

　　猛獁洞窟於西元 1802 年現世，七年之後，其擁有者將其以 40 美元的價格賣了出去。

　　賓夕法尼亞州的一位農夫以 835 美元的價格賣了他的農場，並和他的表兄弟一起去加拿大工作 —— 那位表兄弟在加拿大發現了煤油。買下這個農場的人在溪邊餵自己的牲口

喝水時留意到了水面上的泡泡，由此，著名的油井得以見天日，一位地理學家曾對賓夕法尼亞州政府說過，這些油井價值十億美元。很多看到這些故事的年輕人會說，這些毫無疑問都是些極端例子，在他們的附近不會有諸如此類的潛藏財富。然而，打個比方，財富也許不是以這種形式出現在你的身邊，但也許在每一處鄉村、每一個小鎮裡都會有這樣那樣的金礦和油井。會有其他一些人，更為機警、更為清醒，頭腦靈活且眼明手快，在那些你看來十分平常之地，他們卻能累積大量的財富與豐厚的聲望。

每一天每一年，在世界各個角落，阿里·哈菲德的故事都在不斷流傳。

每個人都很熟悉這個古老的東方寓言。阿里·哈菲德這位波斯農民把自己在印度河堤岸邊的肥沃農場以不到其價值一半的價錢賤賣了，然後四處奔波去尋找鑽石。多年搜尋無果之後，幾乎衣不蔽體的他，在飢餓與絕望中客死遙遠的他鄉。同時，就在那個被他遺棄的農場裡，出現了一座座寶山般的鑽石礦，大量無價的鑽石被開採出來 —— 阿里並沒有在這個農場裡找到他所熱切渴望的財富。這個故事正是《鑽石在你家後院》一書的藍本。

有很多年輕人就像阿里那樣，看不到機遇的所在。他們會像阿里那樣執著的認為，他們只有遠赴他鄉才能找到財

富——總之一定是別的任何地方，而不是他們已經身處的地方。

大多數人都是對自己身邊的機會視而不見。他們沒有把握機遇的能力，也沒有堅持到時機成熟的勇氣，更沒有可以發掘出「鑽石寶地」的果斷行動。

看看今天那些一事無成的人的，很多人是讓機會從自己手中溜走的；而恰恰是這些機遇讓看到並抓住它們的人最終功成名就。

你不必遠赴芝加哥、舊金山、紐約去尋找機遇，到處都有金礦鑽石待人發掘。無論你是生於粗木小屋還是華麗大宅，是生於城市還是鄉村，其實都不重要，只要你有著透過堅持取得成功的信念，你就會找到自己的機會，因為你的生活會受到這種信念的激勵。你需要的是對機會的敏銳觸覺，對實現遠大抱負種種細微跡象的敏銳反應。此時此刻，就在離你不遠的地方，就在一個你認為毫無機會的地方，有人正在掘開他的鑽石寶庫。

在大幹線鐵路（Grand Trunk Railroad）上賣報紙的愛迪生找到了，在電報室工作的卡內基找到了，在費城大街上推車的約翰·沃納梅克（John Wanamaker）找到了，在麻省皮茨菲爾德一家小店工作的馬歇爾·菲爾德也找到了。

麥考密克在磨粉廠裡造出了著名的收割機，他也找到了

自己的「鑽石寶庫」。麥可‧法拉第[06]也在實驗後的洗瓶過程中，也找到了自己的「鑽石寶庫」，那時他正在一家藥劑店裡用平底鍋和玻璃瓶做著試驗。

極好的機遇屬於那些能看到並抓住它們的人。其實，機會更大一部分是存在於我們自己的內心裡。

當查理斯‧舒爾伯駕駛著公共馬車或是在鋼鐵廠裡工作的同時時，周圍的很多人覺得他不可能會有什麼好的機遇；同樣，卡內基的同伴們也不覺得他在電報室的工作裡會有什麼好機會。毫無疑問，還曾有其他同樣在鐵路上賣報紙的男孩嘲笑著年幼的愛迪生，笑他那個在行李車裡建立起來的、在列車行駛於不同網站之間時用來做試驗的怪異實驗室。

我記得，當亞歷山大‧貝爾（Alexander Bell）還是波士頓大學的一位年輕教授時，他致力於發明電話，那時這件事常常成為他學生口中的笑話。然而，當最初的貝爾電話公司上市時，它們的股份在每股 25 美分的價位上就有資助人承接了。只有年輕的貝爾教授在自己最初的試驗中看到了「金礦」。

06　麥可‧法拉第（Michael Faraday，西元 1791 ～ 1867），英國物理學家、化學家，也是著名的自學成才的科學家。13 歲時在一家書店裡當學徒。書店的工作使他有機會讀到許多科學書籍。在送報、裝訂等工作之餘，自學化學和電學，並動手做簡單的實驗，驗證書上的內容。利用業餘時間參加市哲學學會的學習活動，聽自然哲學講演，因而受到了自然科學的基礎教育。由於他愛好科學研究，專心致志，受到英國化學家戴維的賞識，1813 年 3 月由戴維舉薦到皇家研究所任實驗室助手。這是法拉第一生的轉折點，從此他踏上了獻身科學研究的道路。1815 年 5 月回到皇家研究所在戴維指導下進行化學研究。1824 年 1 月當選皇家學會會員，1825 年 2 月任皇家研究所實驗室主任，1833 ～ 1862 任皇家研究所化學教授。1846 年榮獲倫福德獎章和皇家勛章。1867 年 8 月 25 日逝世。

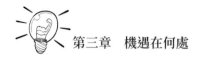

第三章　機遇在何處

　　不少自立成才的人士，在他們還年少的時候就在手推車裡、在擦鞋架上看到了機遇，或者就在賣報紙的活計上看到了機遇。很多鐵路公司的總裁都是從火車刹車手做起的 —— 因為他們看到了機遇，其他刹車手看到的則只有每週交到他們手裡的裝著薪水的信封。

　　機遇在每一個人的手裡都可以繁盛起來。我們現在所處的時期，給了那些胸懷抱負、身懷能力的人一個非常美妙的開端 —— 這是自古以來都不曾有過的。一個世紀以前，讓人稱心如意的工作不過只有六七種，但到了今天，這樣的工作有數百種之多。各種從業人士正在各處推翻你的藉口 —— 你為自己空洞貧乏的生活找的藉口。

　　就在不久前，一名擦鞋匠在哥倫比亞大學獲得了殊榮，一位賣報紙的年輕人同樣在布朗大學取得了如此成就。一個出身農家的男孩在耶魯大學的畢業典禮上帶領優秀學生出場，而在這群最出色的學生中包括了一名窮苦的黑人男孩 —— 他是靠著半工半讀完成學業的。而在哈佛，黑人學生已經多次被授予了優秀學生。那些黑人男孩，他們不僅要面對種族偏見帶來的阻礙，還要面對從小就不斷灌輸到他們腦海中的所謂「劣等」觀念，可是如今他們也能取得這樣的成就，既然他們能做到，那麼，對那些赤貧的白人男孩、女孩來說，他們可沒有藉口來為自己的不成功開脫了，畢竟相比

之下他們有著太多的優勢。

我們當中的大多數人都在過分強調機遇如何重要，卻輕視了精神的力量，忽視了該用正確的態度來看待生活 —— 但其實這決定了一切。事實上，如果有正確的態度，如果有不斷進取的精神，如果能正確看待生活、希望和勝利的期望，如果能樂觀並懷有信念，一個人總能找到很多機遇的。

「每一條街道、每一個轉角處、每一條路上都有顯眼的機遇」，只是我們往往「視而不見」，我們總是要等到機會遠去的時候才看到他們。當一個大好機遇來臨的時候，我們不是在空想就是在做白日夢，直到這個機遇離去了才意識到它曾來過，直到已經無法抓住它了，才清楚看到它。看起來，似乎總是要當機遇與我們有一定距離的時候，我們才能看到它們；當它們接近的時候，反而會蒙蔽我們的感官，讓我們錯誤地將它們看成了危難。

有些騾子會認為別的騾子腳下的草比自己腳下的更為甜美 —— 儘管牠們同處一個牧場，牠還會嘗試著把脖子伸過籬笆的另一邊去占有更多的草；身為人類，我們往往嘲笑這樣的騾子，但是，我們可以在一種高等動物身上發現這種驅使低等動物越界的特質，這種高等動物就是人類。孩子們會厭棄他們的玩具、周圍的環境，他們會想，要是能得到朋友們的玩具，心裡一定會感到非常高興；一個小孩子很快就會丟

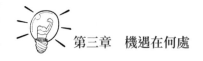

掉自己正玩的東西，然後跑去搶奪其他孩子的玩具。

　　我們這些成年男女啊！不過是些年紀稍大的孩子而已。我們總是傾向於看輕自己已經擁有的東西，轉而誇大別人擁有的東西，這似乎是我們與生俱來的秉性了。我們當中的大多數人總是透過望遠鏡的另一頭來看自己的財物、自己的周圍環境與條件，於是，所有這一切與我們鄰居所擁有的比起來，顯得又小又低劣──風景總是那邊才好，草總是隔壁的才多汁美味誘人，於是我們總是伸長脖子用無比渴望的眼神看著「籬笆的另一邊。」

　　我們在每一個地方都可以碰到這樣的人，他們總是對自己的命運不滿，認為他們要是能到別的地方去或是從事別的職業就會更快樂。他們只能看到自身職業的局限性，卻看不到其中所蘊含的機遇──店員可以成為演員，廚師可以和女主人換位，管家也可以變成男主人，律師也許會變成醫師，醫師也可能變成律師。於是，農夫在抱怨自己的艱苦生活，渴望從單調生活中解脫出來，想做個商人或者創業；鄉村男孩則靠在他的犁耙上，無比羨慕地望著城市，他會想，要是他能擺脫從事的苦工，穿上優質的衣服，拿著一把尺規站在櫃檯的後面，那該多好啊！幸福、財富、機遇，一切一切，都在那邊！而在周圍的環境裡，他能看到的就只有痛苦、勞累、窮困──沒有任何值得期待、令人愉悅的事物。而在城

市裡，那些站在櫃檯或者高腳椅後面的年輕人，則會咒罵眼前這種把他困在磚牆和生意瑣事中的命運，要是他能到遠方的鄉村去旅行，要是他能在農場裡自由自在地工作，那該多好啊！那時，生活才會更有意義！可是現在，他沒有這樣的機遇！

諸如此類無益的渴望 —— 對別的工作、對不可企及的機遇的渴望 —— 究竟浪費了人們多少精力，又虛耗了多少的生命！當你總是嘗試去霸占別人的草地卻不知道那裡可能會有哪些你之前沒法看到的苦澀時，當你從不嘗試去發掘自己腳下草地的甜美之處、從不嘗試去把握自己已經擁有的機遇時，這一切是多麼遺憾！

在這個國家中，有太多的農民，因為他們不開動腦筋，所以他們只能在那些可能掩藏著大量礦藏、石油、煤炭的土地上勉力維持著少量的產出，而那些土地本可供應大量物產的。

不要再把時間浪費在空想那些遙遠的機遇上了，做好你目前所能做的吧！讓你的力量和美麗之花在你身處的地方綻放，讓你的生命在命運賦予你的地方散發芬芳。如果你發現自己受困於一個狹隘的環境，要照顧年邁的父母或者殘弱的兄弟姐妹，或者要承擔房屋貸款的重擔，不要絕望，不要對自己說「我把自己的生命浪費在這樣的環境裡有什麼意義？」

第三章　機遇在何處

要知道，歷史上某些最偉大的人物正是在類似的拘束環境下讓自己的生命怒放並且最終開花結果的。機遇的影響力和好處其實就存在於那些能看到機遇並用好機遇的人身上。你最好的機遇其實就在周遭的環境中。

好好挖掘一下你種馬鈴薯的土地吧！深挖下去，你就會發現一個寶礦或者油井，根本不用跑去內華達或者加利福利亞這些西部地區。你不一定就會憑著金礦石或者石油致富，但只要你深耕細作、恰當施肥，你就可以收穫大量的馬鈴薯。不要對自己宣稱自己的家鄉沒有你的容身之所，也不要說那裡沒有給你施展才華的空間。

不是說買張車票遠赴他鄉你就可以達至成功了，要達至成功，通常靠的是一雙強壯的手臂和誠實的心靈 —— 而且往往是掩於破舊的衣服之下的。

機遇無處不在 —— 在土地裡、在空氣裡、在街上、在家裡，何處沒有機遇呢？

對那些決心要立世的人來說，每一種情況都可以轉化為他們的優勢。機遇潛藏於人們看到的每一件事物裡，人人平等，不多不少。有些人因為一幅畫而狂喜並且其靈魂會因其而覺醒，而另一些人在同一幅畫裡卻看不到任何東西。有些人的生活會因為一本書而改變，而另一些人卻在同一本書中無從領悟。「機會」掌握在人手裡，打開成功大門的鑰匙在每

一個人自己的心裡。

　　有的人對自己過去生活中的悲痛、罪過以及失敗感到厭煩，他們會認為，要是他能有另外一個機會，或者要是他能重活一遍、他能帶著現有的知識和經驗重頭來過，他的生活就會更好。他只會無比悔恨地回憶自己年輕時的黃金歲月，並且悲戚地哀悼那些被他浪費掉的機會，然後滿懷希望等著新生活的到來。但是，他已經夾在生活兩端的中間，卻還渴望著有機會像他所設想的那樣有更好的條件過上新的生活，這一切都會是徒勞的。因為他的盲目與無知，他根本沒有意識到，新的生活就在他的身邊，他應該做的就是活在今天、去抓住當下這種新生活。每一天都是新生活，每一次日出都是世界和個人的重生，每一個早晨都是一個人全新的開始，是他邁向新生活的大好時機，他可以更好地利用過往生活中的經驗成果。

　　如今，我們常常會聽說窮困人家的孩子因為經濟狀況不好或者因為遷移大合併而失去了他們的機會；但事實上，窮苦的孩子從來不缺機會；他們恰恰是文明的脊梁與臂膀。他們總會有機會的，無論是過去還是將來，因為他們會做一些富人們不會去做的事情，為了出人頭地，他們會發展自己的力量與創造力，而這是那些富有的孩子不會做的事情，因為這些孩子缺乏動力。

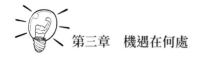

　　五十年前，有許多可以促人成功的機會存在，可是只有為數很少的人能好好把握這些機會，因為那時，大部分人都對這些機會視而不見，只會回憶凝望西元 1848 年的「黃金歲月」。總是有很多人會懷念那些絕佳的機會，因為他們不過是在尋覓一些剛剛溜走的機會，並且總是在悔恨他們錯失了這些機會。他們會一刻不停地對你訴說那些曾經有過的美妙機遇，但他們似乎沒有意識到，就在他們誇誇其談，不停悔恨他們錯過機遇的同時，其他一些機遇也許已經蒞臨他們的人生道路了。

　　舉個例子，當我們生產的熱量中還有百分之八十浪費在煙囪裡時，你還能說發明天才們沒有機遇嗎？每一個機遇都在等待著我們、召喚著我們，祈求我們每一次都能利用好他們。

　　在我們的生活中，那些大好機遇總是會以瑣碎事務的形式與我們擦肩而過，讓我們只能為那些看起來非常宏偉輝煌的東西正逐漸遠去、枯萎而失望。而能安於完成那些被我們所輕視的瑣碎責任的人，則往往名利雙收。那些被我們看作毫無價值或者過於瑣屑的事情，在我們扔下它們的時候，別人卻將它們拾起，並用它們打造出成功。

　　良好的開端，極好的機遇，基本上都存在於自身，取決於我們發現並且發展機遇的能力。有時，這意味著我們要腳踏實地，不畏艱難與挫折做好份內的事，有時，這又意味著

我們要放下一切，掙脫束縛，勇敢地探索未知領域。蜜蜂從花朵那裡採集花蜜，蜘蛛卻只能在花朵身上發現毒液；有人用某些材料建起了宮殿，另一些人用同樣的材料也許只能建個小屋。同樣的方式同樣的事，有人看到了能發揮自己最大潛能的機遇，有人則只看到了困難和限制。

路德·布林班克就是在麻省菲茲堡一個普通小鎮的小花園裡以及鱈魚角的一個農場裡發現了他的機遇的 —— 這位傑出的農學家在他的專業領域裡以出色的工作領先世界，這些工作指明了通往園藝工業的道路，也引出了後來在聖羅莎的偉大發現。

愛迪生還是鐵路上的一名報童時就在行李車上找到了他的機遇。

米開朗基羅走進聖彼得大教堂的花園並且用自己的雙手挖出赭石，還走進梵蒂岡的灌木叢中提煉出那些美妙的紫色、紅色、藍色和綠色顏料，正是這些顏料讓他的畫作聞名於世。

班揚[07]就是在貝德福德的監獄裡，用送到他牢房裡的牛奶瓶上的紙塞，攤開之後寫成了最出色的寓言。

07　約翰·班揚（John Bunyan，西元 1628 ～ 1688），英國文學史上著名的散文家、小說家。他的職業是小爐匠。他青少年時期正值英國資產階級革命，被徵入革命的議會軍，離開軍隊後，在故鄉從事傳教活動。1660 年斯圖亞特王朝復辟，當局藉口未經許可而傳教，將他逮捕入獄，監禁了十二年（1660 ～ 1672 年）。《天路歷程》寫基督徒及其妻子先後尋找天國的經歷；班揚的語言工夫主要得力於民間寫作和《聖經》，特點是簡單、明晰、生動、有力。儘管他距離文藝復興不過一百年，距離今天將近三百年，但在風格上更接近現代散文。

其實，成功最重要的因素就是緊緊跟隨那些小小的機遇。只要我們把小事做好了，大事自然而然就會平順發展的。

有成千上萬的成功人士，他們不過是把最普通的事情做得比其他任何人都要好、把最卑微的工作做得前所未有的優異，他們便因此找到機遇了。可見，很多成功都是從某些相較之下無足輕重的事情中演化而來的。

養成習慣，隨時對機遇保持警覺，敏捷地抓住它們，並且充分利用它們，這樣可以帶來更多的機遇與力量。根據「捨與得」法則，用得好的機遇必然能敞開大門迎來其他新機遇。

每一筆買賣都是一位商人成功的機遇，每一位顧客都可能帶來另一位顧客，每一次宣傳布道都可能實現更大的用處、通向更廣闊的領域；每一筆業務都可以展現出你的禮貌周到與昂然氣概，展現出你做事有條理，一切井然有序，都可以是讓你結識朋友的機遇，而這可能會帶領你進入更廣闊的領域。交托給你的每一項責任都會讓你有機會接受更重大的託付。所以，一定要在你的工作中展現你的特質與人格魅力，提升你自己的能力，以此為自己打開通往更高境界的道路。

對一個人而言，最好的機遇就是那種讓他發揮出自己所有潛能的機會。機遇不是自己長腿走過來的，它們是「創造」出來的 —— 它們與你投入到其中進行創造的才能和努力成正比。

你曾聽說過有人靠著等待順境出現、等待機遇降臨而取得成功的嗎？記住了，任何事物都是要靠著比這事物本身更有力的外力推動才來到這個世界的。

　　我經常收到一些年輕人的來信，他們會在信中流露出對各種局限的厭煩，備受所謂的有限機會、破敝工具的困擾。他們總渴望著有更廣闊的天地，他們抱怨說自己天賦被壓抑著、才能被束縛著，在如此狹隘、單調的生活中，他們根本沒有機會做成任何大事。

　　我追蹤了這些愛抱怨的年輕人的職業發展歷程，但我從來沒有在其中發現哪怕一個人，可以在進入更廣闊天地時取得更多的成績。

　　這就是規律，我們必須要自己打開身旁的機會之門，這樣前方的機會之門才有可能向我們敞開。

　　空等機遇只會消磨抱負、虛耗精力，我知道有些人，等了那麼多年就為了等「一個正好適合的機會」，然而，年復一年過去了，他們等來的只是熱情消減、精力衰退。就如諺語所說的「等蠢才做好決定的時候，機遇早已過去」。

　　可以肯定的就是：這個世界做實事的人都是創造機遇的，他們從不空等，他們只會挖掘機遇、爭取機遇，並且為之奮力向上。

　　眾多渴望得到「運氣」並且對助力別人先於他們成功的「運氣」大加感嘆的年輕人，他們中很少人會想到，同樣的「運氣」就在他們身邊，前進的力量本就在他們掌控之下，機遇就在這種正沉睡的力量中 —— 他們必須喚醒這種力量，否則他們永遠都會一無所成、寂寂無聞。

　　湯瑪斯‧卡萊爾 (Thomas Carlyle) 說過：「我曾從一名渴望飛黃騰達的男人的臉上和眼裡看到光彩。」其實，任何一個有這種光彩的人，只要他知道如何將這些光彩運用到現實中，他將會被這份光彩引領進而實現「飛黃騰達」。

　　最偉大的力量，不存在於雷電中，也不存在於火山的焰火中和欲要製造破壞的暴風雨中，而是存在於大自然最為平靜、不易察覺的運動中。科學家們讓我們知道，幾畝地上青草生長時所產生的化學力量已足以讓全美國的所有機械運轉起來。然而，如果我們走到草地裡去傾聽，我們只能聽到鳥的歌唱、溪水滑過卵石時的呢喃，或者風掠過草尖時的沙沙聲。除此以外，一切靜謐平和，但我們能感覺到，我們身處一股強大的力量中間，令人驚嘆的生命活動就在我們腳下發生，這些活動可以讓最偉大的科學家都無比驚訝，可以讓最博學的哲學家都無比痛苦 —— 痛感自己的學識原來是如此有限。

有些力量，可以煥發陽光的色彩，可以從黑土地中提取精華與食物，能用絢麗的色彩為花葉上色，這些才是真正的力量，讓我們驚嘆與欽佩；而如果我們能正視並且駕馭這些力量，那又會怎樣？所有這些力量都是無聲地自然而然運轉的，然而正是這些力量，能夠摧毀阿爾卑斯山，也能把大洋從海床上掀起！

　　我們自身蘊藏著力量的寶庫，我們能讓自己成為怎樣的人，我們的生命能取得怎樣的成就，我們可以為世界做出怎樣的貢獻，全部取決於我們能在多大程度上把自己的潛能發揮出來，能在多大程度上把握好上帝賜予我們的機遇。

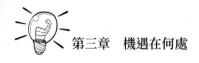

第三章　機遇在何處

第四章
品德的勝利

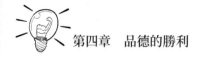

　　一天，拉斯金[08]正和一位朋友走在倫敦的狹窄街道上，朋友則不停地抱怨那些黑灰爛泥。擅於從平庸事物中看出美好之處的拉斯金面帶微笑地說：「事實上，我們是走在美鑽寶石之間。」朋友聞言一臉驚訝，拉斯金則繼續說道：「你也知道，這些黑灰其實是鑽石的遠親，而用這些黏土沙子生產出來的製成品則被我們稱作珠寶。所以，我年輕的朋友啊！在我們身處的世界中，其實並沒有什麼是真正平庸或者骯髒的，往往是那些看來普通至極的東西最終會被發現是最有價值的，要是我們能有足夠的耐心和竭盡全力發現它們的內在，那該多好！」

　　如果我們能看清楚生活中普通事物之間的關係，能看清各種人物的所謂平庸特質，一如締造一切的造物主所設想的那樣，如拉斯金看到黑煙與鑽石之間的親緣關係，那將會如何改變我們的生活並使之充滿榮耀呢？這將會使最為無精打采的人為之一振，也會使灰心喪氣的人重燃信心；這一切會為人類社會下層最為卑微的工人展示出無限可能的願景，讓每一個人都情不自禁地想要努力上進，要實現他可能實現的最遠大成就。

08　約翰・拉斯金（John Ruskin，西元 1819～1900），英國作家、藝術家、藝術評論家。1843 年，他因《現代畫家》（*Modern Painters*）一書而成名，書中，他高度讚揚了威廉・特納（J. M. W. Turner）的繪畫創作。這以及其後的寫作總計 39 卷，使他成為維多利亞時代藝術趣味的代言人。他是前拉斐爾派的一員，本身亦為天才而多產的藝術家。

科學家告訴我們，我們之所以在很長一段時間之內無法探得自然的奧祕，完全是因為我們在運用方法進行推理時不夠單純，研究人員總是在尋找所謂的不尋常現象、複雜的東西；而自然的法則卻往往極為簡單，如此一來，人類往往更容易忽略它們。

　　生活給每個人準備的幸福與成功從來不會落入大多數人手裡，因為這些人會認為，獲得這些幸福與成功的方法必是非常困難而且錯綜複雜的。他們認為，幸福與成功只屬於那些口含金鑰匙出世的人，或者是那些獲得老天特別垂青因而天賦秉異、高瞻遠矚或才華橫溢之人。

　　我們當中太少人能認知到，成功之門其實一直在向每一個人洞開，而成功本身不是以實現了多少輝煌成就來衡量的，也不是存在於巨量財富、名譽或者權力中的；每一個正直熱誠、竭盡全力的人，只要履行好每一天都要履行的普通責任，過好每一天簡單的生活，成功都將是加冕於他們頭上的皇冠。衡量成功，靠的是灌注於實踐中平實而樸素的美德；靠的是把每件事一步做到位的努力；靠的是在每一筆交易中謙虛謹慎的同時信守承諾；靠的是用真誠對待友誼並且能雪中送炭；靠的是將發揮我們全部的潛能去履行我們的義務，做個高貴並且終於最高理想的人；當我們做到上述各項時，我們便會擁有成功的人生。

　　如果每一個人都能好好審視自己，都能清楚的看到自己潛藏的無限可能，並且投身於自身才華的挖掘培養中，那人類的文明將大步流星地邁向下一個千年。

　　很多人或許都會有這麼想，要成功，就得做出些驚天動地的事情，取得成功的人必然都是天賦超群的人，不然的話，不可能取得成功。年輕人總會在心裡給成功人士套上一圈光環，並勻將其染以超乎常人的特質 —— 普羅大眾並不具有的特質。要說服普通人相信他們心目中的偶像並非超人幾乎是不可能的，他們只相信偶像們是半神，擁有他們所不具有的神授能力，他們會認為，嘗試去效仿他們是徒勞無功的。

　　當我嘗試去激發年輕人們的抱負時，我常常聽到的是他們這樣那樣的反對之聲，「唉，我又不是個天才，我只有些很普通平凡的能力」，或者「要是我有沃納梅克、羅斯福或者林肯那樣的天賦，或許我可以做出些成績來的。可我只是個普通人，學得又不快。我只受過普通的教育，從來沒有想過能在世上出人頭地。」

　　事實是，大多數為人類帶來福祉的人，他們難以稱得上是天才。就以喬治·史蒂文森[09]為例吧！他並不是什麼天才，

09　喬治·史蒂文森（George Stephenson，西元 1781 ～ 1848）。英國鐵路機車發明家。1781 年 6 月 9 日生於紐卡斯爾附近的維拉姆，1848 年 8 月 12 日在切斯特菲爾德去世。史蒂文森早年做過煤礦的火夫、泵機手和鐘錶修理工。1804 ～ 1806 年在煤礦任過蒸汽機司機，1811 年改裝過一臺紐可門蒸汽機。1823 年，他與別人合作在紐卡斯爾成立鐵路機車製造公司。他們製造的鐵路機車所牽引的列車，於 1825 年 9 月 27 日試車，載客 450 人，速度 24

而且到了二十歲時還不會讀書寫字，但是，那座屹立於紐卡爾斯的橋，就是用來紀念他這位透過普通的能力實現了非凡成績的人。

約翰·哈佛是個毫無前途可言的年輕人，但是他創立的哈佛大學卻是締造美國文明的最傑出的高等學府之一。

尤利西斯·S·格蘭特（Ulysses S. Grant）在俄亥俄的學校就讀時並無甚過人之處，可是當他成為白宮的主人時，當年的班級領袖只是在同一所老舊的校舍旁邊經營著一個占地四十英畝的農場。

看吧！我們根本就沒法判定那些所謂「愚鈍」的孩子或者「笨蛋」們將來會取得怎樣的成就！

蘇格蘭聖人查莫斯博士[10]就曾經因為「愚笨」被從聖安德魯大學趕了出來，但是後來，他對數學精通非凡。

另一位出色的傳教士亨利·沃德·比徹[11]在年輕時就曾被

公里／小時，取得良好成績。1826年，史蒂文森為利物浦至曼徹斯特鐵路線製造鐵路機車。1829年10月6日，在競選優秀鐵路機車的比賽中，他和他的兒子R·史蒂文森設計和製造的「火箭」號鐵路機車，以時速58公里的優異成績獲勝，受到了全世界的注意。

10　查莫斯博士（Thomas Chalmers FRSE，西元1780～1847），蘇格蘭神學教授、政治經濟學家，也是蘇格蘭教會和蘇格蘭自由教會的領導人。他被稱為「蘇格蘭最偉大的十九世紀牧師」。

11　亨利·沃德·比徹（Henry Ward Beecher，西元1813～1887年），美國牧師。比徹是他所在時代最雄辯的演說家之一。他在全美國和英國做了關於道德和公共事務的講演。比徹支援許多改革和運動。他強烈反對奴隸制度。在南北戰爭期間，他在英國做出一系列演講，呼籲支援北方。比徹有許多著作，並在1861～1864年任《獨立報》編輯，1870～1881年任《基督教聯合會》編輯，1874年，他被反對他的通姦醜聞的指控所累。緊接著是轟動一時的審訊；陪審團無法就裁決達成一致意見，此案被駁回。

人認為是笨蛋，他那聞名遐邇的姐妹斯托夫人曾說：「亨利那些偏心的朋友們從來不曾預見他能有一個光明的未來。他有著精準的組織能力，可是這些素養在年少時會被人看作是遲鈍。而且他的語言表達能力、記憶力也不好，這是伴隨他終身的缺陷。他對暗含諷刺的批評極為敏感，也十分羞怯，但卻有著一股強烈的渴望，有著尚未展露的熱情，可是那時他既不明白也不會將這種熱情表達出來。這位內向且看起來有點恍惚的男孩赤著腳，在那狹窄細小且沒有油漆修飾的校舍裡，啪啪作響地來回踱步，在拼寫課和閱讀課的空堂，他會用棕色的毛巾或者藍色格子圍裙將自己包起來。他的狀態只要安全、健康，大人們就覺得夠了，不會再去想他的未來該會是怎樣的一番情景，更不會費心去打探他究竟是怎麼了。」

哈佛大學的威廉·詹姆斯教師在他去世前不久曾寫過一篇引人矚目的雜誌文章，文章的主旨就是人們應該將自己所擁有的巨大能量更多地發揮出來，應該打破「安於低劣的習慣」。這篇文章廣受傳閱，顯示了人們對文章所傳遞資訊與智慧的渴望——從根本上講，那是關於希望的資訊和智慧——那是關於民主的資訊和智慧，是對普通人發出的向更高境界進發的呼喚。而將文章主旨實踐於現實中的機遇就在這裡——對那些已經做好準備要抓住機遇的人、那些在聽取了如此激動人心的呼喚之後熱切盼望能透過努力擺脫自卑深淵

的人來說，它就在這裡。

　　絕大部分為讓這個世界得益的人，他們可不是什麼天才，他們不過是殫精竭慮地將自己的平常能力與普通才能加以發掘、並發揮到極致而已。而「天才」們常常會遇到的麻煩就是他們總有這樣那樣的弱點會使他們身受挫敗，例如缺乏常識、判斷力和主動性。換句話說，所謂「天賦」，往往只是某一方面的過人之處，也就是說，如果一個人某種或者多種能力的過度開發，不可避免地要付出相應的代價 —— 在其他某些方面發展不健全或者是存有缺陷。

　　卡萊爾是如此定義「天賦」的：那是一種下苦功的無限能力。對我們當中大多數人來說，困難只在於我們根本不願意去下苦功。我們太過懶惰，根本不願意動手去做艱難的工作，也根本不願意效仿那些最大限度發揮出自身潛能的人們，為了自己的終生職業而去接受嚴格的培養與訓練，也不原意為了服務人類盡自己最大的努力，因此也就無法成為一個標杆式的人物，無法激勵後來者。我們總是希望會有人來鼓勵我們，幫我們省卻修身過程中的種種費力工作。即使是那些心懷遠大抱負的年輕人，他們也很少會願意為了實現真正的成功而在艱苦的工作、嚴苛的培養中付出心血 —— 那是不以銀行帳戶存款或者辦公室高職來衡量的成功，那是以個人品格、自我增值以及對社會所作貢獻來衡量的成功。

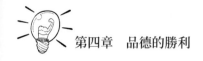

　　年輕人們，你們可以記住的最為鼓舞人心的事實就是「前人能做的事，後人也能做」，只要人們願意為此付出努力。取得傑出成就的人可不是些被擺上神座供人致敬的特例，他們也不是平凡人類之外的特例。

　　每一個普通人都可能取得的成功是由那些極為平常的因素打造的；它就是各種簡單美德與才能在實踐中的加總：合理判斷、誠心誠意、堅持不懈。

　　只要我們深入分析一下大多數人的成功，就會發現，它們就是對各種機會合理的判斷、對生活的各種常識的理解，與那些最常見特質一起在非凡實踐中結出的果實，幸運的是所有神智健全的人都會或多或少地擁有這些常見特質。

　　一位作家最近分析過希歐多爾・羅斯福的品德和生涯，之後他堅持認為，羅斯福的資質實際上根本和其他普通人無甚差別，說不上是特別出眾；所以這個取得了各種不同成就的人，其實是在實踐中透過各種平凡的磨練塑造而成 —— 只要願意讓自己的能量發揮到極致，任何一個普通人都可以借鑑他。

　　正如這位作家所指出的，當羅斯福還是哈佛大學的學生時，他無論在學術方面還是運動方面都無甚建樹，他從來都不是一個好的槍手，並且他自己也承認視力不好、手「不太穩」，但是透過堅忍不拔的長期訓練，最終每一種獵物都逃不出他的手心。而身為一位改革家，他雖然從來不曾像薩伏

那洛拉和溫德爾‧菲利普斯胸中充滿熊熊燃燒的鬥志，但他也實現了很多良好改革。他是個英勇的士兵，但卻不曾表現出任何軍事天賦。那位作家最後總結道：簡言之，羅斯福的一生就是個例子，說明尋常人熱切殷勤地發揮自己的能力並且全心全意地做好自己手上的工作時，他們將能取得怎樣的成就——這個特別有趣的例子實際上是對他人的一種鼓舞。

曾經做過總統的羅斯福曾這樣睿智地向一位對他成功的生涯表達了仰慕之情的人做出回應：「在我看來，要想在生活中取得成功或是類似的人們口中的『卓越成就』，途徑無非有兩個。一種就是去做些擁有非凡能力的人才能做的事情——當然，這就意味著，只有很少的人可以做得到，而此類成功或是卓越成就往往都是很少見的。另外一種就是去做些大多數人都能做的事情——事實是，只有很少人真的會去做這些平凡的事情，大多數人往往半途而廢，擱淺在通往成功之路步。而恰恰是這些平凡的累積才成就了所謂卓越的人生。」

羅斯福上校曾這樣形容自己：「我不是天才。我所談論的也不是什麼新鮮事，只是黑白曲直的原則。」他總是在宣揚要把平實、尋常的美德運用到實踐中——要有常識，要誠實、真實、認真、坦率、公正、有風範；然而在美國歷史上，很少有人所說的話能與他的話一樣有分量，能像他的號召那樣獲得廣泛而及時的呼應。

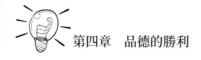

把尋常特質加以深度發掘，再投入非凡的努力，那將會有怎樣輝煌的成果啊！羅斯福上校就是一個很好的例子。

在林肯前往紐約在柯柏聯盟學院[12]發表他的著名演說之前，他深感困擾，因為他覺得，那些廣受人們尊重的公眾人物一定會讓他極其難堪的，因為他很少去外地，而且和其他許多的年輕人一樣，誇大了那些公眾人物的重要性和卓越之處；但是，當他從那裡回來之後，那些曾在他的想像中被放大的「巨人」們，已經縮小還原成真實的普通人了。因為他發現，在那些曾看作遠遠高於自己的人面前，他依然可以自持而應對自如。

事實是，那些所謂站在世界風頭前沿的大人物們總是會被其他人過度高估；尤其是年輕人，他們一方面非常仰慕成功的大人物，另一方面卻又從不嘗試並堅持去做受其仰慕之人所做成的事情。

在過去的兩代美國人中，恐怕沒有誰能比林肯擁有更多的仰慕者了。絕大多數的人都將他看當成天才、當成奇蹟，當成是注定要取得諸多成就的人。然而，要是仔細分析，就

12　柯柏聯盟學院，Cooper Union 全稱是 The Cooper Union for the Advancement of Science and Art，是一所私立大學，位於 East Village，Downtown Manhattan，New York City。校舍位於曼哈頓東第三大道（Third Avenue）及第六、九街（6th～9th Streets）的雅士達廣場（Astor Square）及庫柏廣場（Cooper Square）處，非常具有人文藝術氣息。柯柏聯盟學院有三個學院：建築、藝術、工程學院，都非常有名。而且經常被美國國家及新聞評為北部學士級大學首位。此外，該校的收生嚴謹程度與常春藤盟校不相上下而著稱。

會發現，他擁有最最簡樸的美德，最為尋常的資質，但卻極為勤奮用功——那些遠遠地仰望他、把他看作半神的窮苦孩子們其實也擁有同樣的資質。他的偉大生涯和令人驚嘆的成就無一不是他那種至精至誠、不懈獻身的反映——這就是他將自身所擁有的才華與能力最大限度發揮出來所獲得的勝利。

我很肯定，大多數年輕人在研究林肯的時候都會找到一些他那堪稱天賦的驚人的領導才華，但是，他的品格中最為突出的卻是他的勤奮、認真，他的無私奉獻以及慈愛，他的正直、純樸，他的堅忍不拔，他對公平正義的追求，他的奮鬥精神和志向以及他對圓滿生活的追求。這些才是他的典型特質，而窮苦人家的孩子們一樣可以培養出這樣的特質。

讓他超凡脫俗並且成為歷史巨人的，是他的遠大志向和對各種簡樸品德的結合。他不追名逐利，也不貪戀權勢，他的志向從一開始就是要盡量發揮自己的潛力。他只是想學到一點東西，想自立於世，想從卑微的環境脫穎而出並為世界做些貢獻。他的最高理想只是要做好事，要對「偉人」這一個詞做出最充實飽滿的詮釋，要追隨上帝之子耶穌的足跡。

同樣，傑出的畫家艾德文‧奧斯汀‧艾比[13]也是不屈不

---

13 艾德文‧奧斯汀‧艾比（Edwin Austin Abbey，西元 1852 ～ 1911），美國插畫家，油畫家。他以描繪 17、18 世紀英國生活的鋼筆畫而聞名。他的插畫作品包括〈屈身求愛〉（1886 年）、〈老歌〉（1889 年）以及莎士比亞的眾多戲劇。艾比出生於費城。曾就讀於賓夕法尼

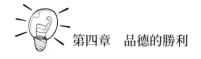

撓、奮發向上，而不是天才的好榜樣。在他的畫作中，艾比並非什麼超級大師，但總是努力在畫布上展現自己的想法以及藝術能力，而不僅僅只是考慮錢財的問題。早年他為哈珀兄弟出版公司製作黑白插畫時，朋友們曾告訴過他，他完全不需要如此費力地精心繪製每一幅畫，而且還可以獲得更多利益回報，但是他不為所動，他不願降低畫作的品質。他向來都是竭盡全力作畫，而且，經常撕毀一些認為未能完美表達出想法與期望的作品。他從來不會冒著毀掉自己聲譽的風險，去出售一幅不能代表他最高水準的畫，因為那樣也會毀掉他的良知。

艾比先生就是以勤奮工作著稱的成功典範，他的名聲來源於其終生不懈的勤奮。他的非凡成就正是他那些美德與自身能力發揮到極致所結出的正果。

我們中的大部分人都不願意誠實的對待自己，總是希望找到成功的捷徑。我們總是會嘗試依賴某些業已存在的模式來獲取成功，希望不用那麼拐彎抹角，希望過程不會那麼漫長，那麼艱苦乏味。我們一心想著要到達成功的彼岸，卻只想坐順風車前去。當我們沒法如此輕鬆的達到目的時，我們就會歸咎於運氣不佳或者命運多舛，亦或是周遭的艱苦環

亞美術學院，後來擔任《哈伯斯週刊》的插圖畫家。1878 年艾比定居英國，1898 年入選皇家學院，1902 年入選國家藝術院。他的歷史題材作品包括很多牆壁裝飾畫，如在波士頓公共圖書館的〈追尋聖盃〉。

境，因為我們潛意識裡依然有「安於低劣的習慣」。我們不是傾盡全力去承擔艱苦工作並且持之以恆，相反卻總是虛耗著時間，期望有某種無窮無盡的神祕力量來幫我們做成我們想做的事情，同時忽視了培養那些真能幫助我們成事的才藝。我們不願意用好手上已有的機遇和工具，甚至沒有睜開過眼睛、運用我們擁有的常識，如果不是這樣，我們或許早就可以認知到，成功的不是那些能夠製造火箭的所謂天才，卻恰恰是那些「永不放棄」、頑強跋涉在路上的普通民眾。

有時想想，覺得真是難以置信，現在居然還有那麼多的人依然沉浸在錯覺中，依然信奉神祕的力量、信奉運氣或者機會，希望得到一筆故去前人留下的財富，或者得到貴人襄助，認為只有依靠這些才能讓自己在事業上取得成功 —— 偏偏與此同時，每個人手上都有與這種錯覺恰恰相反的極好例子。

以丹尼爾·韋伯斯特[14]為例子，少年時期的他實在沒有什麼過人之處。他曾被送去新罕布夏的菲利普斯埃克塞特學院（Phillips Exeter Academy）就讀，可是在那裡待了沒多久，就有鄰居看到他哭著走在回家的路上，於是鄰居詢問他為什麼要哭，他表示感到絕望，自己無法成為一個學者，因為他的成績總是排在最後並受到同學們的恥笑，所以他決定放棄回

14　丹尼爾，韋伯斯特（Daniel Webster，西元 1782 ~ 1852），美國政治家，曾兩次擔任美國國務卿。

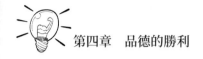

家。那位鄰居勸說他回到學校，再多嘗試一次，看看努力學習能帶來什麼結果。他真的回去了，並且決心要在學習中脫穎而出，不久之後，他真的名列前茅，讓那些喜歡嘲笑他的人無話可說。

每隔一段時間，我都會收到一些年輕人的來信，說是如果他們能肯定自己會成為下一個法律界的韋伯斯特、發明界的愛迪生，或者是華納馬克那樣的富商，他們肯定會將全身心的投入到學習中，將他們的精力和時間都貢獻給他們的工作，並會帶著極大的熱情專心致志地工作，為了實現前人已經取得的成就，他們願意做出任何犧牲，願意經歷任何艱難困苦。但是，他們覺得自己沒有那些非凡的能力和驚人的才華，簡言之，他們覺得自己缺乏那些天賦 —— 讓愛迪生等人在各自的領域成為翹楚的天賦。

其實，我們當中大多數人都是心懷偏見、一葉障目，所以我們不能理解自己擁有哪些成就某些我們未曾做過之事的能力，並且為之目眩，因此自然而然地高估了這些能力。如果年輕人們能夠不將眼光長期集中於那些比他們稍微出眾的人物身上，能夠好好審視自己並且用好自己已有的資源，他們將會驚喜地發現，他們自己所擁有的能力和天賦，很可能還遠遠高於那些經常受他們仰望和崇敬的人所擁有的能力和天賦。

我堅信，就在馬歇爾‧菲爾德和華納馬克的店鋪中，有些店員天生就有足夠的能力，只要能發現並善加運用這些能力，他們就能成為了不起的業主，而不是年復一年地留守在雇員的位置上。有很多在底層職位上埋頭苦幹的人其實都有足夠的才華能夠出人頭地，可是他們對自己信心不足，否則就是不願意為了實現抱負做出更多犧牲和付出。

另一方面，也有太多東西束縛了人們對高尚品格的追求，太多人為所謂的「成功」掙扎著 —— 這裡說的成功只意味著積賺錢財或者遺臭萬年。

在鄉村裡，我們時常能看到人們為了能在樹上採摘一束鮮豔的花朵而踩踏那些雛菊、紫羅蘭，以及其他可愛美麗的野花，這太常見了；而那些採摘來的花朵，也許還不及被他們踩在腳下的花朵來得嬌美可人。同樣，很多人也會在努力實現某些不同凡響獨特事業的過程中，忽視了那些尋常的美德，並因此失去了他們本該唾手可得的幸福與成功。

我認識一個人，他從來不曾在哪怕是鄉村小報上露過臉，在他身處的小村莊外，無人認識他，他靠每日的工作養家糊口；但他是一個真正成功的人。儘管他的薪水微薄，但是他想盡辦法為妻兒營造了一個舒適的家，並且每年都能存下一點東西。他總是想著要讓自己的家人和身邊的人們快樂，而不是想著要飛黃騰達。他把孩子養大，並讓引導他們

自立、節儉、勤奮，讓他們成為了良好公民，他以這一切為榮。他教育他們，一生當中最划算的投資就是自我增值、不斷提升自己，讓自己成為一個對社會有用的人。

他不期望孩子們功成名就，只希望他們能過上純樸、正直的生活並履行自己的義務，希望他們能為了維護真理、正義而勇敢無畏，希望他們從不推卸自己對世界應負的責任。他工作辛勞，但是做得非常開心，他最大的快樂就是在每天完工後，能回到家中與妻兒團聚，並且能在他那個小而精彩的圖書角中享受那些在他眼中比金子還珍貴的藏書。他在團體中備受敬重，他的看法在認識他的人中也頗有分量，因為在每件事上，無論於公於私，他都絕對誠實可靠。他的朋友們都很喜歡他，因為他總是樂於助人，心地仁慈且為人著想。他從不在背後對他的鄰居說長道短。總而言之，他極有氣概，總是忠於他最好的一面，說話行事都均以坦率、正直為先。如果連他的生活都不算是成功，那世上就無「成功」二字了。

我們可以在每一個團隊中找到類似這樣的人，他用尋常美德的陶冶向我們展示了，要獲得生活中最好的東西，其實是一件多麼簡單的事情啊！

談論起他身為運動員所取得的成功時，羅斯福先生曾說：「任何一個勤奮、健康的人，只要他熱愛戶外活動，即使

一點也不像個運動員，他也可能取得我所取得過的成績——只要他願意，並且做出了選擇，我的意思是，選擇了必要的勤奮、判斷力和遠見，這都不是些引人注目的特質。」

在力所能及的範圍內，選擇你所想的，並且為之發揮出所擁有的能力，最終你將會成功建立名聲。

問題就在於，我們過分強調那些巨大能力，卻不去關注那些尋常易見的品格因素，恰恰是上述這些平凡的品格因素才是成就圓滿生活的祕密。

因為過分追求結果，追求實現一些偉大驚人的事業，我們通常會忽略尋常美德的極端重要性，也忽視了那些累積起來便可以讓我們的生活變得瑰麗的小小成功。而在追尋所謂的更偉大、更為耀眼事業的過程中，又有多少人到頭來會驚恐地發現，他們在疲憊的追求過程中已經失去了太多——失去了甜蜜；錯過了美麗、可愛的風景，為了追尋虛偽的成功，丟棄了真正的生活。

歸根結底，鍛造最高貴的品格，實現最偉大的成功，並沒有什麼高深的祕密可言；一切都是悄無聲息的，不用聲嘶力竭的向世界宣布，只要自然地將最普通、最尋常的品德灌注於實踐中就可以了。

第四章　品德的勝利

第五章
堅持到底締造奇蹟

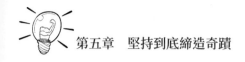

「現在，你該承認跑不過我了吧！不是嗎？」一個人對一位勇敢的荷蘭老人說道 —— 他已經連續十二次在超級馬拉松中跑贏了這位老人。可是他得到的回答卻是：「不！我從不承認自己被打敗了，我不會放棄的。」

要成為宗師級的人物，就要堅持到最後盡力去完成自己所承擔的使命。無論面對多麼重大的挫折，也無論前景多麼渺茫黯淡，都能堅持下去、不言放棄，這是取得成功所必不可少的一項特質。

鬥牛犬是所有犬類中最令人畏懼的犬種，因為當牠咬住某樣東西的時候，想要從牠口中奪下來幾乎是不可能的。如果人類憑藉著堅持、憑藉著鬥牛犬般的堅持也可以實現很多令人驚嘆的成就。

成功並非存乎於順境中，也不在於經濟狀況的好壞或者權勢的高低，更不在於來自他人的投資或認可，而是恰恰存在於我們自身中，依靠我們的堅忍不拔以及不達目標永不言棄的堅持，正是這些堅韌與恪守，可以讓我們面對逆境與阻力而不退縮。我們應該鼓勵年輕人培養這種鬥牛犬式的堅持，直到這些特質已經成為他們習慣的一部分並能清晰可見。

哪種品德是最受世人普遍讚賞的呢？是對目標始終如一的堅持，是永不退縮、永不投降、永不逃跑的大無畏決心

—— 在別人退卻的時候堅定向前，在別人放手的時候緊緊抓住一切。一個永不退縮的人無論走到哪裡都會廣受歡迎的，令人刮目相看。無論有多少人已經飯碗不保，每一間公司仍會貼出招聘資訊招募那些能夠堅持到底的人，它的門會永遠為這些意志堅定的人敞開。

不言退縮的堅韌特質從來都不是形單影隻的，總會有其他相近的特質與之如影相隨 —— 因為這些都是成功者共同的特質。

那些取得過重大成就的人們，或許也有很多的弱點和缺陷，有些特徵可能不那麼討人喜歡，但他們肯定擁有著某些突出的優秀特質，這些突出的特質相比那些弱點和缺陷是顯而易見的，以至於讓那些弱點和缺陷黯然失色、不值一提。大成就者不僅僅有韌性，而且刻苦勤奮並充滿自信。

我們當中的大多數人會高估了金錢與權勢的價值，以及來自他人外部的推動力，同時大大低估了我們與生俱來的內在潛力。年輕人尚未能認知到，就在平凡的毅力中、就在簡單的堅持直到勝利一刻的過程中，蘊藏著相當巨大的力量。

不久前，我曾在一個大城市裡看到一家銀行外懸掛著一句這樣的標語，「所有能發生在這家銀行身上的事情都已經發生過了」，因為這家銀行已經關門了好幾次但每次都捲土重來了。

　　人能擁有的所謂「天賦」，就是這樣一些特質，能讓他在經歷過一個人所能經歷的一切事情後依然健在。你可以透過觀察一個人在失敗之後——當周圍的人都放手背棄他時——透過他所做的事來衡量他的勇氣。毅力可以讓一個人在失去其他心理素養的時候繼續堅持下去。

　　堅持！堅持！下定決心，鼓起勇氣！要是我們在遇到困難時放手，我們的勇氣就會消失，我們的決心和意志也會受到削弱。無論你覺得前景有多麼黯淡難以捉摸，你都要堅持，因為這樣可以保持你的膽量與自信，並且最終幫你鋪出一條康莊大道。即使在你寸步難行甚至無法前進的時候，你也要站起來，堅持面對你的目標，也許下一秒就會出現轉機，一切都是海闊天空了，因為就在長期的堅持和累積中我們已經彙聚了巨大的創造力，這份創造力會在我們堅持過程中的某一刻發生質的改變，適時的爆發而改變你的境遇。轉機之所以沒有到來是因為你的堅持和累積還不足以讓這種內在的創造力轉化成外在的成果，而你需要做的就是堅持。

　　一位傑出的芝加哥人曾因為起重設備失靈而被困在了礦下，當時他發現，自己身處六百英尺深的地下，而且除了一架梯子之外，他別無其他逃生之法。在整整爬過了三百英尺之後，他在一處著陸點仰望頂部時只能看到一個小小的出口，看起來不比一個硬幣大多少，在耗盡自己的全部體能之

前，看上去幾乎沒有什麼希望能到達那個出口。但他對自己說：「我只需每次跨出一步，並且一直繼續下去。」於是他繼續攀爬，慢慢地、一步一步地，直到最後，他終於爬到了地面。

對大多數人來說，問題就在於，當看到光明如此遙遠、看到自身與目標之間差距甚遠時，我們就開始變得不耐煩了，而那不過是因為我們沒法大步流星地靠近目標。

我曾和許多「潦倒窮困」的人聊過，他們在回憶過去的時候，幾乎都無一例外地會說：「我多希望在開始了之後能堅持下去啊！」可是這個過程中的一開始，他們就認為自己走得不夠快，再看看遙遙而不可及的目標，就變得灰心喪氣，掉頭離開了。就這樣，在沒有堅持到底看到成果之前，人們一次次終結了自己選擇的每項事業並且忙著奔向下一個新的目標。

從古至今，那些退縮者、半途而廢的人，他們是永遠不會實現任何目標或者取得任何矚目成就的。他們總是喜新厭舊，這樣缺乏耐心的特質使得他們的生活變得支離破碎、斷斷續續，塞滿了種種未完的任務。他們對很多東西都是淺嘗輒止，一旦遭遇困難、荊棘就立即退縮掉頭；他們總是無法走進花叢中，也無法在職業生涯上有所是收穫和提升，因為那些收穫都是來靠長期的培訓和累積的經驗而產生的傑出能

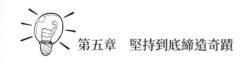

力和從容。他們做過了最為艱難的工作，取得一點突破，然後在還沒品嘗過自己播下的種子所產生的成果前就放棄了。

據說，很多堅持到底的採珠人，都是在其他人沮喪地放棄之後採到了價值連城的珍珠 ── 發現那樣的珍珠不過是需要再下水一次而已。可見，在每一個行業，都是那些能夠堅持到底的人獲得了巨大的獎勵。

如果不是華盛頓的專利局氣勢如虹的勇氣在堅持，如果沒有那種鬥牛犬一般的意志，現在大概也沒有多少專利可以留下來了。我們不會有海底電纜、電報、電話，也不會有無線電報，縫紉機、摩托車、飛行器，氣閘和郵輪，事實上，我們的文明可能還會停留在一個蒙昧的狀態，無甚舒適或者豪華可言。如果不是有前人的堅毅，我們可能還得坐著馬車在長途旅行，或者要駕著帆船去航海。堅毅和膽量成就了所有一切讓生活如此美好、令人留戀的東西。

前不久，我曾問過一位男士是否完成了大學學業，他說：「沒有。這是我的痛處。我在大學一年級的第一個學期就輟學了，因為我很想家，而且對自己的成績灰心了。從那以後，我一直為此而自責。如果那時我能堅持下去，現在的我也許就會是某位成功人士了。」年輕時的搖擺不定就這樣葬送了這位男士擁有輝煌事業的可能性，放棄從一開始就扼殺了他的機會並毀掉了他的未來。

現在這個國家裡有很多類似的人，他們都是在年輕時因為思鄉或者灰心喪氣而輕率的放棄了遠赴他鄉的求學，且自此再沒有返回校園，如今則因此備感難堪並受到巨大的約束。當初要是他們能再堅持一陣子，能和他們的同伴再熟悉一點，對他們周遭的環境了解得再多點，對他們的學習有更多的興趣，也許就沒有東西可以引誘他們放棄學業了。

　　有多少年輕人離開了醫學院或者法學院、放棄了學習貿易，僅僅是因為陌生感、新環境的明顯冷漠讓他們感覺消沉？僅僅是因為前路看起來頗為困難、險峻？有太多的人，明明有天賦做好他在嘗試做的事情，卻最終因為環境的不順而放棄了，並且在後來的歲月裡一直為此而懊悔不已。

　　只是因為暫時的挫折就放棄當下的努力是種冒險。一個人遭受挫折的時候是很難分清做什麼、怎麼做才是最好、最正確的，於是想法變得反常了，判斷被扭曲了，無法看清形勢，導致錯誤的選擇。

　　事實是，世界上有許多的失敗者原本都是可以成功的——只要他們當初能有膽量、勇氣與耐力堅持下去。

　　作為人生一大規則，堅忍不拔在世界歷史上所造就的奇蹟要遠遠多於人們憑藉卓越才華或者天賦而創造的奇蹟。堅忍不拔讓大量本來目不識丁的人受到了良好教育，也讓人們透過已經擁有的東西獲得巨額財富，讓不可能的事情得以成真。

　　當哥倫布手下的水手們叛變，並威脅要將領頭人哥倫布鎖起來的時候，他並沒有退縮躊躇，而是繼續加緊航程。他用道理來說服水手們，並且用勇氣、希望和熱情來激勵他們，當時有一名水手問道：「司令，當我們失去希望的時候，我們該怎麼做啊？」「那就航行！繼續航行！」—— 身為一個航海史上最為不屈不撓、最有勇氣的人物，哥倫布給出了這樣無畏的回答。

　　一個相比之下能力平平的人也可以開展自己的事業，並且能在一帆風順的時候把事情做下去；但是，對一個人的真正考驗在於，當所有人都背棄了你，沒錯，就連希望也幾乎要離你而去的時候，你是否還能堅持下去，是否還能「航行！繼續航行」。

　　你能否在陷入一個對大多人看來近似失敗、絕望的境地時依然堅持？如果你能像哥倫布那樣，那麼你注定會實現你的目標。也就是說在一個人走到一種大多數人都會停下來離去的境地中時，我們才會判斷出他究竟是怎樣一個人，而在此之前，我們對他的所知是不多的。如果他能在那種境況中仍執意繼續，不言放棄，那我們就可以說，他有凱旋的資本，終有一天會收穫成功的人生。

　　把人分成三六九等有個好方法，那就是用他們半途而廢時與最終目標之間的距離來區分他們。有些人在起步階段就

逃離出局了，有些人則走得遠一點，還有許多人則是在勝利觸手可及的時候倒下了 —— 他們當中大部分差不多都已經目標在望了。

像拿破崙和格蘭特那樣的人是比較少見的，他們生來就不懂得投降為何物，從不肯承認失敗，總能在別人絕望之處看到希望，在別人判定為是災難的事情上看到勝利。

用以判斷一個年輕人是否擁有成功特質的最早跡象就在於他是否有忠信堅守的習性。如果他能堅持，這就是他非凡才能的先兆，是成功的預言。無論你在其他方面有多麼優秀，要是你不能堅持下去，你是不會最終勝出的。

對於一個有能力堅持下去的年輕人，我從來不會太過擔心他的未來。純粹的勇氣能讓人堅守自己的目標誓不放手，並且讓人能一直追隨著希望所指明的方向；讓人即使身處一艘破船並且眾叛親離時，在歷經日照與狂風暴雨、冰雪之後，仍然能堅持到底，事實上，只有死亡才能讓這種人放棄、才能將其馴服 —— 即便是死，也是死在抗爭之中。

你能為一件事情堅持多久呢？堅持到什麼程度呢？你的人生是否成功很大程度上取決於這一點。我記得有一位多才多藝的人，對於任何新鮮事物，他都表現出了非凡的堅持能力，但是一旦那些東西變得有點老舊或者讓他感覺熟悉，他就會厭倦，就會失去耐性而放棄。

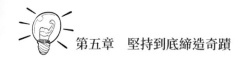

　　記住吧！每次在你對自己能否做好正在做的事情心存疑慮時，每一次你屈服於對失敗的恐懼時，你就是在削弱你的耐力、勇氣、主動精神和各種使你堅持下來的能力。

　　無論別人如何流長蜚短或者說些什麼，堅持你自己的願景吧！盯住自己的目標，不要因為前方有海市蜃樓在誘惑你而搖擺不定。無論有什麼東西在誘惑你改變既定的路程，你都要在通往自己目的地的道路上一往無前。那些軟弱隨和的人，那些害怕受人批評譴責的人，總是會想著人們會如何看他，這樣的人是沒有成功特質的。他沒有那種可以讓他直達目標的特質。

　　如果一個船長在每每遇上大霧或者暴風的時候，就立即掉頭返航，駛向他出發的港口，那會怎樣？他知道他不僅會丟掉飯碗，而且還會背上無能和懦弱的名聲。每一個出海的船長都會跟著指南針走，穿過大霧，熬過暴風雨，直至到達他那遙遠的目的地。而你，就是你生命之舟的船長，它能否載譽駛進人生的港口，全憑你來駕馭和掌握。如果不能做一個好船長，那你的生命之舟就有觸礁沉沒的危險或是在原地打轉而無法前行。

　　踏踏實實的艱苦工作，從不搖擺的目標，以及從不退卻的勇氣與膽量，這些就是讓生命高奏凱歌的特質。

　　比徹就曾說過：「我記得，在所有的院系裡，那些能獲後

人追捧的書和文學作品，或者藝術院校裡的藝術作品，沒有一件不是歷經長期而耐心的雕琢而造就的。」

喬治·艾略特[15] 能寫出價值五萬美元的《丹尼爾的半生緣》（*Daniel Deronda*）全靠她長期不懈的艱苦努力，其中包含閱讀了上千卷的書籍。而席勒[16] 則從不認為自己的工作「已經完成了」，法國著名小說家巴爾扎克甚至會花一整個星期去寫一頁內容。

不要氣餒，不要倒下、放棄！你的目標可能已經就在觸手可及的地方。你可能只需再往水中跳一次就能採到你要的珍珠。

當格蘭特將軍進攻到夏伊洛時，在他認為他快要失敗之時，他仍然堅持作戰。正是這種堅持，讓他成為了同時代最為偉大的軍事家。他在夏伊洛遭遇挫敗後，幾乎每一家美國報紙都要求他下臺。林肯的朋友們甚至會哀求他將指揮權交給別人，但是林肯的回覆是：「我可不能讓這樣的人閒置。他會戰鬥，他有著鬥牛犬一樣的勇氣，一旦他咬住了某樣東西，誰都別想把那東西奪走。他就是那種沒有路也要自己走

15　喬治·艾略特 (George Eliot，西元 1819～1880)，英國小說家，與狄更斯和薩克萊齊名。其主要作品有《佛羅斯河畔上的磨坊》和《米德爾馬契》等。

16　席勒 (Friedrich von Schiller，西元 1759～1805)，德國狂飆突進時期著名作家。席勒出身於醫生家庭，學過法律和醫學。他是和歌德齊名的德國啟蒙文學家。席勒在青少年時期，在狂飆突進精神的影響下，寫出了成名作《強盜》和《陰謀與愛情》，確立了他的反對封建制度、爭取自由和喚起民族覺醒的創作道路。

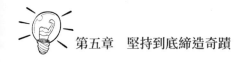

出一條路來的勇毅之人。」

　　世界會向頑強的不屈不撓讓步，因為對於頑強，世界實在是無計可施的。試想一下，要影響俾斯麥，要讓他放下決心要完成的事情，那會怎樣？試想一下，要阻止拿破崙，不讓他帶領著軍隊在冬天穿越阿爾卑斯山，那會怎樣？如果他的顧問們不試圖勸說他放棄某場戰役，那他是不會著手去為那場戰役做準備的──庸人眼裡的絕無可能之事在拿破崙眼裡就是有可能的。他會嘲笑諸如此類的阻撓。再看看華盛頓，當初他的朋友中又有多少人在哀求他自保於佛吉穀（Valley Forge）、希望他放棄那些會威脅他自己生命的戰役？他們對他說，他的生命太珍貴了，即使是為了國家，也不應作如此犧牲。

　　年輕人們總是會不厭其煩地圍繞著天賦一說喋喋不休。他們似乎總是會認為，那些能做出驚世之舉的人必然是個天才，有著非凡的才華，但其實，為數不少名垂青史的人，都是些普普通通的人，卻能做出非凡的成就，這些僅僅是因為他們極為勤奮，儘管資質平平卻有著不同常人的堅韌耐力、決心和勇氣。

第六章
控制能力與身體活力

　　生產過程中所面臨的最大問題就是如何可以用最少的投入、最少的機械損耗來獲取最大的產出；而每一個行業中的人所面對的最大問題就是如何用最少的開支獲得最大的收益。但是，那些精明而又注意節省生意開支的人，很大一部分卻不大會花心思去節約自己個人能力的消耗。

　　在各行各業裡，有成千上萬的人在職業道路上走得並不如意，而這僅僅是因為他們沒法讓自己的身體和精神狀態保持良好，因而無法發揮出自己的最大潛能，做出最好的成績。

　　我認識一些人，他們即使已經步入中年，卻還在原地踏步，一切就和他們當初離開校園時差不多。他們的熱情在很久之前就開始枯竭了，他們的工作也變得單調乏味 —— 因為他們無法為工作注入足夠的活力使它充滿生趣。他們萎靡不振，生活對他們來說不再是一種享受而是一種折磨，當中有些人不但沒有前進，甚至還倒退了。

　　在這個世界上的任何一個角落，我們都可以看到那些在被平庸的生活與瑣事消磨的人們，他們本有能力獲得更高品質的生活，擁有更有意義的人生，迎接更成功的職業，創造出更多的社會價值，但卻沒有行動起來腳踏實地的做些實事 —— 因為他們沒有足夠的活力去開拓自己的道路，這種生命活力的缺失讓他們無法克服路上的障礙。

一個作者要是思想落後、因循守舊，無法將生命的活力和熱情傾注在作品中，那他的作品就永遠無法獲得讀者的認可。這樣的作品缺乏熱情和生命力，不能振奮人心更別提激勵和鼓舞人們，因為作者在寫作時本身就情緒低落。他之所以沒法讓自己的作品雄勁豪邁，完全因為他本身就是個嚴重缺乏生命活力和熱情的人。

　　如果一個牧師缺乏這種生命活力和熱情，他將無法為民眾的人生困惑答疑解惑，無法安撫那些脆弱的心靈，更無法挽留住信徒們匆匆離去的腳步；他弱不禁風的身體會讓他的精神也不堪一擊，讓他看上去像是個罹患大病之人；一個教師要是沒有生氣和熱情，他就無法發自內心的去讚美、鼓舞、激勵自己的學生。也就是說，一個人要是過度操勞或者不能照顧好自己的身體，擁有健康的體魄，那麼他的大腦就會不勝負荷，他的體力也會消耗殆盡，從而導致他整個人看上去嚴重缺乏生命的活力。

　　看到這些來自各個行業、各個職位的人逐漸失去活力，熱情不再、心情沉重、消極流於平庸，實在是令人惋惜；或許他們仍在不斷鞭策自己以期獲得更好的成果，但是身體的不適而導致的精神衰竭已經讓他們力不從心了。

　　很多人會以為，要取得偉大成就，就要一刻不停地努力，事實其實並不儘然，他們能夠永不停歇地堅持工作，比

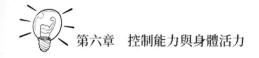

起少做些工作多些放鬆，他們會取得更輝煌的成就。實在是沒有比這更大的錯誤了！我們能取得怎樣的成就，取決於我們工作時的效率。

當大腦在壓力或者束縛下運轉時，它是沒法發揮出最大能量的。它必須要主動地運轉，並且在輕鬆、自然的狀態下才能發揮得最好。被迫工作時，大腦是沒法實現最高產的，只有在完美狀態時，它才能給人帶來各種好處。

我知道有些人會在自己的大腦不夠充實的時候借助外物去刺激它，而這永遠只會帶來低劣的精神成果。清晰而堅定的思路來自於新鮮感和熱情，而過於費力的推動方法是沒法帶來新鮮感和熱情的。

當工作時間從九個小時猛然變成八個小時的時候，大部分的生意人都在憂慮一天工作時間的縮短，他們說，這肯定會導致每一個員工的產量下降九分之一。

但結果顯示，並沒有他們說的這種損失。相反，不但產量沒有下降，連工作品質也因為員工們變得更精神、更有活力並且懷有更大的熱情而得以大大提升。他們不會在一天結束之時筋疲力盡，他們在工作中發現了更多樂趣，於是工作時也更加積極主動，更大膽並且抱有更大的希望。他們不再急於打發時間，而他們額外獲得的放鬆時刻也讓他們為第二天的工作儲備下了更多的能量。

我們理解工作時的最大錯覺是什麼？就是認為我們必須每日工作很長時間，將自己的心力和體力都逼到極限，比起工作較短的時間，同時不逼迫自己、不讓自己筋疲力盡，反而是讓自己更精神更有力的做法，將能實現更大的成就。缺乏睡眠和放鬆的腦袋，是完全與一流作品無緣的。即使是拿破崙那樣的意志，也沒法讓一個受到毒害和侵蝕的腦袋保持高效運作，因為，當血液、大腦細胞和神經細胞受疲勞所拖累時，敏感度就會削弱、洞察力就會鈍化。當志向不再高遠、理想開始墮落的時候，精神上的消極被動就會自然而然地出現了。

　　這個地方有許多許多人，他們不但用盡了自己的每一天，用盡了自身所產生的每一點一滴的能量，他們還榨取了自己的儲備能量，於是，隨之而來的精神崩潰也就不是什麼稀罕事了。他們的每一天都始於這樣一種困境，有點類似在每個早上都騎著一匹沒有好好餵養也未得到充分休息的馬來開始一段旅程。

　　拿一匹普通的馱馬為例吧！如果從不為牠梳洗，把牠關在一個又黑又封閉的隔間裡，只在你方便的時候才順手把牠餵到半飽，那你就等著吧！不用多久，這匹馬的工作能力和售價都會降低一半的。如果你以類似的方式來對待自己，那就別指望個人價值會有多少長進。

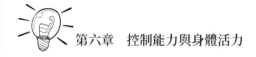

　　當牧師貝拉米博士的學生向他詢問如何才能在講壇上獲得成功的時候，他總會始終如一地回答：「把水桶灌滿吧！各位！把水桶灌滿。」如果你沒有持續地往水桶裡倒水，你是不可能不斷從水桶中舀水出來的。然而，似乎有很多人會認為，即使他們不用營養的食物、適當的休息和放鬆以及有規律的生活來為自己補充活力，比起遵從一切健康規律來生活，他們也不會差到哪裡去，他還是能取得同樣的成就的。他們沒有認知到，生命的系統，遠比生意的系統來得重要 —— 因為身體健康乃生意成功的根本，也是其他任何一切成功的根本。

　　沒錯，是有這麼一兩個個案，有些身體欠佳的人也能成功，但是我們都清楚，對於普通人來說，沒有健康的身體，要取得達到一定高度的成就是不可能的。

　　每一個人都應該讓自己的身心保持在最佳的狀態 —— 否則他就無法向世界傳遞出造物主託付於他的神聖資訊 —— 這是一份神聖的義務。讓自己的身體陷入幾近衰竭的狀態，使自己無法回應生命的召喚，這絕對是一種罪過。

　　當大好機遇來臨時，卻發現自己軟弱無力，沒法好好利用這些機遇，只因從前把自己的精力浪費在種種無用、墮落的事情上，或是發現自己即使能抓住機遇，也是戰戰兢兢地滿腹狐疑，毫無信心與活力可言，那真是一種令人沮喪不已

的經歷，對一個人來說，還有比這更沮喪的事情嗎？

如果你想全力發揮自己的潛力，那你就要擺脫那些會讓你的活力受損耗的事情，清除一切可能妨礙你拖你後腿的東西、一切浪費你精力的東西，削減你的運轉消耗；要不惜一切代價去充分表達你自己，不要拖著一副半死的殘軀，不要沉迷於那種會耗盡你的活力和生命力的不良習慣中。千萬別做也別碰那些會讓你的活力枯竭、讓你的前進機會受損的事情。時常要問問自己：「我將要做的這些事情裡，有什麼東西可以讓我的生活更充實，可以讓我更有力，讓我的狀態絕佳，能實現我所能做到的最好的事情？」

如果我們能運用常識安排好自己的食譜，能過一種樸素、明智、簡單的生活，有足夠的鍛鍊和活動，多待在戶外，那我們就不需要藥物。但是，我們當中大多數人的生活簡直就是反自然的罪行 —— 不合人倫，也有違我們的潛力。

人們總是在與健康規律唱反調，吃下一堆難以下嚥、難以消化的食物，他們總是讓肚子裡塞滿各種油膩難以消化的食物，再喝下那些會阻礙消化過程的飲料，然後還感到奇怪，為什麼自己的工作狀態不佳呢？然後必須求助於各式各樣的刺激物來克服這些副作用 —— 由他們的貪婪和愚蠢帶來的副作用。

而另外一些人呢，則走了另外一個極端，吃得不夠多，

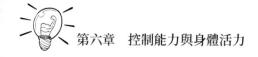

也吃得不夠豐富。

如此一來，就會讓身體系統中某一部分有些東西過剩，而身體系統中的其他部分則會有另外一些東西出現過剩。這很容易就會引起胃口異常，導致人迷戀各式飲料、花天酒地。還有一些人，其實他們需要的是相宜的食物，但是他們卻求助於各種藥物，以滿足身體各種組織中的飢渴細胞的需要。

我們當中大部分人啊！其實就是在和自己過不去。本身才是自己最大的敵人。我們總是對自己有很高的期望，但卻不會維持我們的身體狀態好去達成這些期望。我們不是太過寵溺自己的身體就是不夠愛惜自己的身體 —— 不是在縱容它，就是就在忽視它，不知這兩種做法哪種會帶來最壞的後果，但反正不是什麼好的結果。人們會好好對待那些他們期望能帶來極大收益的貴重機械或者物業，但是很少人會以類似的明智之道來對待自己的身體。

沒有什麼會比自我投入可以帶來更大的收益了 —— 自我投入，包括用盡一切可能的辦法好好呵護自己的身體健康，用最大的關注和精準來安排養生之道以及工作、生活習慣。為了維護身體正常、健康，其中一種最經濟的做法就是暫停手頭的工作，撥出可觀的時間用於放鬆、遊玩和休息。

要讓一部機車能完成指定的工作，不但要按質按量地為

它灌注燃料，還必須讓它有間隔地進行休息；如果沒有機會定期讓鋼鐵粒子進行自我調節，那它最終肯定會停止運轉的。如果長時間使用導致機車引擎內部對金屬分子和原子的聚合力開始減弱，那這機車就必須時不時地返回休息室，好有機會自我調節。既然連鋼鐵都不能承受持續使用的負荷，那人腦在費力地運轉過後，需要時不常地進行自我調節又有何奇怪呢？

　　一個人要做到身心平衡、鎮定從容、見識廣闊就必須要有各種不同的經歷體驗，為此，玩樂與工作一樣，是必要的。一個人要是因為覺得時間太寶貴想要用盡每一分鐘，因此只會永不停歇地工作，總是沒有時間去玩樂，也不會去探望朋友、旅遊或者去鄉村走走，那他其實在與自己努力的初衷背道而馳。

　　最崇高的活動必須是做得自然、輕鬆、靈動而活潑的，而每一個希望發揮生命最大潛力取得最大成就的人都該明白自然的一切恢復方法。而一個已備感疲累的頭腦所需要的，與其說簡單的躺下休息，還不如說是新鮮的景物。譬如說，如果你已經運用單純的意志力來強迫自己的腦袋去工作，開始感到沉悶甚至已經筋疲力盡了，那你可以去到鄉村郊野走走，在那樣的環境裡，你可能要用上完全不同的能力，而這立即就會讓你感覺煥然一新，你也許會如從前活躍，只不過

方式會有所不同，因為你正在使用那些原本渴望得到重用的新能力，而原本因為過度使用而變得沉悶疲累的能力卻能在同時得到休養生息。新的環境、新的活動，都可以讓新的腦細胞活躍起來，同時令那些已經因為過負荷運轉而疲累不堪的腦細胞有機會復元。

我可以肯定地說，每個人都曾在某些時候有個這樣的經歷：當他身心皆疲憊不堪地回到家裡時，感覺無力、沮喪、憂鬱、暴躁的時候，不用躺下來，只要和孩子或者小狗好好玩一陣子，又或者和一位老同學、多年未見的童年玩伴好好聊一晚，就會發現種種令人憂愁的情緒已經煙消雲散，整個人都重新充滿活力了。

這顯示，在一天的勞碌過後，我們需要的與其說是消極被動的休息，還不如說是需要一些改變 —— 環境的改變、活動的改變，將那些在白日的工作壓力中處於冬眠狀態的種種才能釋放出來。

通常人們都不會把玩耍遊樂的能力看作一個人品格中必不可少的部分或者成功不可或缺的部分，但我們發現，許多因為疏於玩樂而缺失這種能力的人，要麼就是個失敗者，要麼索性就是個怪人。

在我們的各種能力中，有些的主要功能就好比是潤滑劑，潤滑其他所有的能力並讓人體這臺機器能夠井井有條地

運作。我們不會直接運用這類能力來謀生，但是它們是無價的。運用起社交能力和幽默，動用自己的熱情並滿足自己對樂趣的熱愛，這些都會對保持身心平衡發揮到重要作用。例如，我們經常都可以看到，一大群疲累厭倦的人在看完一齣有趣的戲劇過後，他們就不再感到那麼累了，個個都精神大振、有說有笑的 —— 而我們本來會以為，在一家封閉、窒悶的劇院坐上三個小時是件苦差事呢。

同樣，音樂也有類似的魔力，可以讓人體這臺樂器和諧發音；對許多人的頭腦而言，它是大而有力的滋補之品。還有一些人可以透過閱讀來恢復元氣，我認識某些人，在讀過愛默生的作品或者其他振奮人心的作品之後，無論之前他有多麼疲累，都會變得精力充沛。

有益的玩樂，健康的興趣，都是持久的潤滑劑，能讓人煥然一新、龍精虎猛且頭腦清醒。你必須學會將之與工作結合，否則無論是自己本身或是你的工作都會嘗盡苦頭。

正是工作的單調乏味讓許多商業人士或者專業人士迅速衰老。他們的生活不夠豐富精彩，他們年復一年做著同樣的事情，沒有多少改變。結果就是只有單方面得到發展，有些能力被運用過度了，其他能力則萎靡了。

「只埋頭苦幹不放鬆，聰明人也會變呆子」，這句話可以說得一點沒錯。一個人要是總是在對付苦差事，從不放鬆，

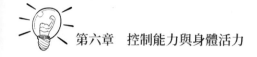

那他最終肯定會不成人樣，或者變成一個呆板、愚鈍、狹隘的人。他會逐漸失去社交能力，最終變得無法享受任何在日常機械工作以外的事情；同時也沒有人會喜愛他那封閉的自我世界。

上帝創造人類可不是為了將他變成一門生意或者一臺專業機器。要完成天授的使命目標，人就必須要全面均衡地發展。

一個人能夠均衡地生活，將工作與放鬆安排得當，那他就可以在每一日中都保持最佳狀態。如果你能讓自己長期保持著一種度假歸來後的輕鬆狀態，你所能取得的成就也許比你曾經夢想過的都多；而只要你用好自己的身心力量，你是能做到這點的。我認識有些人，他們能在腦力和體力復元方面高度自律，透過調整自己的思想，他們能在幾分鐘之內就拋掉那些所謂的「疲憊感覺」，吸收進一些能使人振奮充滿活力的思想 —— 這些思想如此美妙，把一切的不和諧之音都消除了。

我們究竟是感覺疲憊不堪還是感覺精神大振，這在各個方面取決於我們的心理狀態。垂頭喪氣是最能消磨精力的，它會讓血液和腦細胞受到毒害。要知道，無精打采即使只持續兩三天，也會讓人比工作一個月還勞累 —— 因為這種狀態會讓整個系統因為血液受到毒害而被大量損耗，而且如果不

改變心理狀態，這種毒害不會開始清除。從另一方面看，正是你在放鬆和睡眠中所積蓄的能量讓頭腦充滿活力，讓你靈感不斷，也使得精神為之一振、充滿力量且感覺愉快。正是這種積蓄讓你的思想獲得平衡 —— 一如平衡輪上的巨大重量一樣，能讓鋼梭順暢平穩地在機械上運轉。累積的體力和腦力就是平衡輪，讓你能夠帶著更大的精力在更高遠的事業或者更專業的領域創造奇蹟，同時又不會摧毀你的體格。

每一個睿智的抱負都會以個人力量為目標的，我們當中有很多人也許都不這樣認為，但事實就是，無論我們投入的精力是用於賺錢還是寫書，是用於繪畫還是製造機器，是要在某個專業領域贏得某個位置，是要飛黃騰達還是要服務社會，無論我們當前的抱負是什麼，說到底，我們的真正目標就是要做更多事情、實現更多成就。

提升能力、提升力量，提升我們實現目標的實力 —— 這些就是我們都在追求的事情。要實現這些提升，還有什麼方式會比用盡辦法呵護和完善我們的健康來得更有效呢？

無論你還要做什麼，千萬記得儉用你的力氣、保存你的活力，一定要堅持這樣做，就像在海裡溺水的人死命抓住一塊小浮木一樣。一定要把你的每一分體力都好好存起來，因為你要倚仗他們取得成就、建立起你的個人地位。一個人即使一貧如洗，但只要他充滿活力，他還是比那些揮霍了自己

的元氣、扔掉了自己寶貴的生命力量的人來得富裕——和生命活力比起來，黃金不過浮渣，鑽石不過糟粕，房屋土地也不過爾爾。

大肆揮霍寶貴精力的放蕩之人是最最危險的揮金如土者，比起那些真正是在揮霍金錢的人而言，他們更差勁，簡直就是在自殺——因為他們扼殺了讓自己變得更強壯、更有生氣也更有效率的機會。他們所浪費的，是人生中最大的資產。

只有當你遵從自然的規律並且在自己的「自然銀行」帳戶中有存款時，自然才會支付你的匯票。假如你在今天賒借了款項並且透支了自己的體力帳戶，那你很快就要為此而付出代價的。要知道，自然的手中有一本帳冊，會非常精準地在上面留下帳務紀錄。每一張從你的活力帳戶中開出去的匯票，每一張從你的體力儲蓄中開出的支票，統統都是要由你自己償還的。

自然不會感情用事，就連你欠下的最後一點錢，也會向你追討。如果有人認為，自己可以不遵循自然的規律，可以日夜顛倒，可以隨時隨地吃任何東西，可以不過規律符合科學的生活，可以睡眠不足，可以隨心所欲，那他最終會為這一切付出代價的，而且，就在他意識到這一切之前，他已經在體力上破產。

就在最近，我曾聽到一個人吹噓說，他在過去的二十年中不曾放過一天的假，同時他不明白，為何他不過五十出頭，他的醫生就已經要求他至少停止工作一年。

　　我經常會聽到外科醫生們提到，有些人，還不到五十歲，要接受手術，但是，顯然由於這些人的生活方式已經耗盡了他們自己的體力和活力，以至於做那樣一個手術對他們來講很有可能會是重大致命的。

　　買人身保險是個不錯的主意，但比人身保險更好的做法是好好保障自己，好好保存自己的體力讓其處於盡可能好的狀態，讓自己遠離意外和疾病。

　　當年輕的時候，我們可能儲備起了一定的精力，運用得當的話，我們也許可以在緊急關頭暫時透支一下，但是，如果我們持續這樣日復一日地透支，每 24 小時中所損耗的腦力和精力都要遠遠多於我們所生產的，那你不用成為一個偉大的數學家都可以輕易認知到，不用多久，我們就必須在健康的法庭上接受破產的宣告了。

　　怎樣才是有意義的成就呢？如果你能在完成了一天的工作之後，沒有因為當天的種種損耗而浪費精力、心神俱疲，能保持一切完好，那這就是有意義的成就。沒錯，要是你想的話，你完全可以把兩天的工作都擠在今天完成，但到了明天，可能你已經體力不支了。

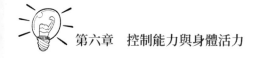

　　如果我們在與健康息息相關的事情上 —— 包括相宜的食物、必須的睡眠休息、身心的放鬆 —— 對自己吝嗇，那我們從自己身上搶走的東西實在是難以計數。我們可以在其他事情上盡量節儉，但千萬不要在那些自身健康泉源所依賴的東西上吝嗇。

　　「失去了健康，名利錢財一切不過如浮雲，種種好處只是無用的過眼雲煙。」健康就是那顆無價的極品珍珠，只能透過健康正確的生活方式來保障它。有許許多多的百萬富翁，在拿健康換來巨額財富之後，都會為那些已然無法再用財富換回來的東西而嘆息。

　　無論你的抱負是什麼，也不管你的職業是什麼，因為把生活全部用工作填滿或者因為沒有滿足打造一個健康體魄、健全人格所需的種種基本需求，從而導致自己失去機會，沒法讓自己的人生畫卷成為經典傑作，這樣的風險你冒不起的。

第七章

揮別猶豫不決

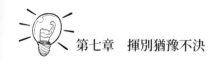

尼爾森說：「當我不知道該不該繼續堅持下去的時候，我總是會繼續下去。」正是這種能在絕望境地中迅速堅定作出決定的能力讓尼爾森成為世界上最偉大的航海英雄之一。

這種能迅速作出最終決定並儘快採取行動的能力也是基秦拿伯爵[17]成功的祕訣。拿破崙也有這麼一種能力，能在面臨深遠、重大抉擇時即時作出決定。

馮．毛奇[18]的座右銘就是：權衡，然後去冒險。這位傑出的德國將軍在起草計畫和作出決定時都是非常謹慎的，但是一旦下定了決心，他就會一往無前地執行貫徹下去，在別人看來，有時甚至幾近魯莽。

所有傑出的領袖都擁有這麼一個特質：能迅速高效地作出定論。這可是領袖頭腦的標幟。一個能夠堅持自己決定的人天生就是個征服者。迅捷的決定和一心一意的行動可以橫掃他們眼前的世界。

一個能作出最終決定，並且一旦作出決定就不再反覆、沒有猶豫並且會將之付諸行動的人，往往會讓大家體會到偉大力量的所在。一種類似「我已經決定」了說法，聽起來就

17　基秦拿伯爵（Horatio Herbert Kitchener，1st Earl Kitchener，西元 1850 ～ 1916），生於愛爾蘭，英國陸軍元帥，參與過多場英國殖民戰爭，在第一次世界大戰初期扮演了核心角色，於 1916 年 6 月 5 日因船觸雷遇溺身亡。

18　赫爾穆特．卡爾．貝恩哈特．馮．毛奇（Helmuth Karl Bernhard von Moltke，西元 1800 ～ 1891），普魯士和德意志名將、普魯士和德意志總參謀長、軍事家。一稱老毛奇。德國陸軍元帥。

猶如是命運的神諭，它會讓一切反對聲音平息，還會讓一切爭論都終結。

只有那些積極而有決斷力的人才能帶著強調意味說出「不」或者以無比的活力說出「是」，而且說完之後還會為其而堅持，並因此贏得我們的信心，也在芸芸眾生中脫穎而出。

一個清楚知道自己想要什麼並且能直奔目標而去的人，總是會最終得償所願的。相反，那些牆頭草，那些永遠不知道自己想要什麼的人，他們只會是無足輕重的人並且無法在世上立足。沒人會對這種人或者這種人的判斷有信心，因為大家永遠不知道在下一個工作中他會做些什麼。沒人信任他，於是他也沒法提升到可以擔負責任的位置上。

對一個努力要立足的年輕人來說，沒有什麼比建立起自知自己想要什麼、並且有能力作出一錘定音最終決定的名聲更有好處了。能迅速作出強力決定的能力本身就是一項了不起的資產。

那些猶豫不決的人最大的問題就在於他們無法忍受為了自己的目標而犧牲一些與之衝突的事物，他們不想放走任何東西，他們只想把所有東西都霸占住。他們既想把蛋糕吃下肚子，又想把蛋糕留著欣賞。

歌德說得沒錯，「這世上最可憐的就是那些躊躇不定的人了，他們總是在兩種感覺之間搖擺，想著要把兩種感覺統

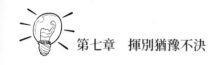

一，從來沒有想過，根本沒有東西可以把兩者合併起來」。

其實，每一項重要決定都會包含一些放棄或者犧牲，一個人要是更多地想著如何可以逃避這些困難，更多地在需要他決定的事情上盤桓，他就只會越來越困惑，並且在整個處境中越陷越深。

對比起那些軟弱而優柔寡斷的人，一個能培養自己做到迅速作出決定並且把決定立即付諸實踐中的人有著巨大的優勢，他為自己贏得了大量的時間和精力，而其他人則因為搖擺不定，嘗試著從每個角度來考慮問題，並且一直都無法作出堅定的最終決定而浪費了大量的時間精力。決斷的人不會長期被懸而未決的問題拖慢步伐，他會認知到現在犯一個錯誤總比一直猶猶豫豫地反覆權衡、放縱各方意見針鋒相對導致思慮過程不得不一次又一次重演要來得好。

他會明白到，他的決定是基於他的最好判斷的，並且一旦決定下來了，他就會把整件事情從他的腦海中完全清除出去，並且立即著手處理需要他關注的下一件事情 —— 這就是他能把事情做成的祕訣。他不會讓自己的頭腦受到種種廢物的拖累，並且讓那些不夠積極不夠決斷的人感到窘迫。

一個不夠決斷、總是猶豫不決的人只會讓人士氣低落，他會將自己的種種疑慮和優柔寡斷傳染給周遭的人，每一個與他共事的人都會感染這種缺點，就和天花一樣感染力驚

人。他總是不太確定自己想要什麼，總是在牆頭上觀望。於是他的手下也無法替他做決定，只要是由他領銜進行的事情，總是會受到拖延，而且團隊氛圍中會彌漫著猶豫。於是命令沒有徹底落實執行，計畫也沒有完全貫徹，很多時候要等待更清晰的命令來進行修補，與其他人的往來交易往往就會由於進度過於緩慢而最終被擱置。很多時候，這樣的雇主會對員工們沒有耐心，但其實，問題的根源在於他自己。那種搖擺不定、反反覆覆的作風恰好反映了他們那種軟弱低效的精神狀態。

一個想要支撐自己不受那些消極思想、消極環境影響的人，就要好好培養和加強自己的積極、優良特質。

每一種心理素養都是會受到提升改善或者降低損害的影響的，要麼是素養更好了，要麼是更差了，端看它們會被怎樣對待。每一種素養能力都可以透過實踐來得到增強，同樣也可以因為無所作為而漸漸變弱。

沒有人會想留下一個猶豫不決、消極被動的懦夫在自己身體內，除非他自己就想做個懦夫。只要他願意，他完全可以讓自己成為一個積極、決斷、有力的人。

我認識一位年輕人，他的心態曾經非常消極，直到開始深入地了解自己並且善加使用他的心理資產，他的生活才避過成為一場大失敗的一劫。那時他得以一窺成功人士的心理

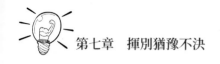

狀態與那些失敗者的心理狀態有何不同，然後他就立即著手培養自己以積極的態度面對一切事情。本來，他天性猶豫，總是非常害怕對一切重要的事情一錘定音，他總是會給自己的決定留下後路，好方便自己反悔、重新作出決定 —— 而他必然是會反悔的。但是，現在他會推動自己迅速作出有力的決定，而且一旦決定了，一切工作都會立即開展。自他明白到拖拉猶豫本身就是一場失敗之後，即使他了解到某個決定本身可能有錯誤之後，他也不會讓自己為此而拖延或者搖擺了。

他以樂觀取代了悲觀，不再讓自己糾纏於失敗的可能中。他以自信和勇氣取代了之前的猜疑與膽怯；僅僅就在一年之內，這位年輕人大大提升了自己正面積極的能力，讓自己的效率翻倍。而這種神速的進步又鼓勵了他投入更大的精力來加強自己的品格塑造；到了今天，他已經不再是早年那個軟弱、羞怯、搖擺、猶豫、畏縮不前的年輕人了，他變得強壯有力了。

任何人要是採取與之相反的做法，養成了那種猶豫和反覆的習慣、總是盡量拖著不作最後決定，那不用多久，他那種快速作出決定的能力以及採取行動的能力就會廢了。精神上的懶惰或者軟弱甚至有可能讓一個人的積極建設能力瀕於枯竭，可能會嚴重到即使到了生死關頭，他也仍然會拖拖拉拉。

對於那些具有類似特質的人說，要他們為了某些事情毫無保留的付出幾乎就是沒可能的。他們的決定中總有這樣那樣的問題，總是會有「如果」或者「還有」又或者「但是」，總是會有可以讓人爬出去的漏洞。這些沒有擔當的人啊！一旦他們感覺到自己無路可退的話，他們就會驚慌失措，他們沒法忍受這樣的想法 —— 他們要承擔起某些事情，並且不得反悔。這會嚇倒他們的。如果能有一些後路留下來，他們就會感覺輕鬆點；要是沒有，他們就會感到很苦惱。一旦想到要燒毀他們身後的橋，使得他們有需求時也無路可退了，他們就會驚恐不已。

那些已經將反覆權衡當作習慣的人是不可能培養出那種實現目標的能力以及做事的強大動力的，因為這種人總是會推翻自己的決定，不會堅持自己的決定。每當一件事情總是被不斷冒出的新考慮所打斷、應該採取的行動則在各方爭論一而再再而三地上演過後才執行，這種時候，採取行動的最有效時間也會一併流失了。

埃德娜·李爾寫了一本書叫作《透過等待獲取勝利》（*Won by Waiting*），如果寫成了《透過等待得到失敗》，這會是本好書。有更多的人，他們就是因為等著有更多的啟發、更多的時間來權衡，希望在決定之前能想到更多的事情，所以失去了很多極好的機遇，生命中的大好機會 —— 因為這樣

而失去機會的例子，遠遠多於因為做了一個草率的決定而失去機會。

在當今時世，當每一個人都是推動者或者被人推動者時，那些沒法發揮正面力量的人、不能迅速堅決作出決定的人，是不可能祈求獲得成功的。那些猶猶豫豫、止步不前或者對前路感到迷惘的人，很快就會發現自己被其他更強大有力的人擠到一邊去了。

你必須學會相信自己的判斷，學會毫不猶豫或者毫無保留地作出決定，並且要遵從堅持你的決定，否則的話，你不可能去到任何境界。

能夠快速、明智地作出最終決定總是有賴於那種積極正面的素養，當中最重要的兩項就是直截了當和簡潔凝練。

直截了當和決斷一樣，是高效大腦的特徵。那些總是拐彎抹角的人是既效率低效又沒法實現效果的。腦子想問題時不直接是不會想得清楚的，只會一路磕磕碰碰、誤打誤撞。而一個言簡意賅的人，能直達事情的核心，能在第一次就嘗試命中要害，這才是能做成事情的人。

直截了當是所有成功商業人士的典型特徵。世上有太多的人，受過良好的教育、學識淵博，但是他們很難集中注意力在某一點上，有時他們甚至到了在決策的過程中不知道該在哪裡停下或者該何時停下的地步。他們就像我們的某些鐵

路那樣，終點站設施太差了。

　　沒有人會喜歡拐彎抹角、模棱兩可、迂迴累贅，因為這些只會浪費寶貴的時間並且阻礙人們前進的步伐。無論是在哪一個行業，直截了當都是制勝之道。能夠集中力量、能夠迅速找出關鍵並且能直達事物的核心，不帶半點模糊或者囉嗦，這就是成功的一大因素。

　　那些言簡意賅、直接乾脆、果斷的人，總是一言九鼎並給人留下良好印象。而那些喋喋不休的人，總是說話不過大腦，難免會讓人懷疑他的智力。透過五分鐘的談話你就可以判斷出一個人會否是優秀的商人了，看看他說話是否簡潔，看看他表達自己的想法時是否夠直接。

　　如果你沒法果斷、有效地抓住要點，那你受過多好的教育或者多有能力、多麼聰明都已經無關緊要了；如果你沒有那種把自己的思路集中收攏的能力，那你永遠都不可能成為別人的領袖的。

　　傑伊說：「我在觸手可及的地方看到了一大優點，那就是簡潔，而我決定要獲得這種優點。」這種能夠寥寥數語抓住要點的能力，能夠快速思考、敏捷作出決定的能力，看起來似乎都夠簡單的，簡直就是最最平凡的普遍美德，但其實，這些都是成就一個強人的重要因素。

　　一旦你能夠迅速一錘定音，你就很有可能擁有成功的其

他因素。而如果你暫時沒有這種能力，那麼千萬不要錯過任何可以改掉弱點的機會——要知道，決斷力是那些可以超越明顯天賦造就成功的眾多「普遍美德」中的一種。

年輕人想要過充實的生活、想讓自己的生活成為經典傑作，那麼他或她必須做到的就是消滅自身的弱點，消滅每一個可能阻礙其努力的問題。就我所知，對效率，尤其是對領導力來說，沒有哪種習慣比起總是在某個決定上盤桓不前更為致命了；總是在一個問題上不斷權衡，反覆推敲各方的論據，直至再無精力作出最終定局的決策。

如果你正受到這種猶豫不決的困擾，你可以透過更多運用自己的意志力來突破這種瓶頸。在每一個早晨下定決心，說你將要在一天中作出不可能回頭的決定。下定決心，你首先會在自己力所能及的範圍內就你所關注的問題得到最好的資訊，你會運用自己最好的判斷力來作決定，然後，你會讓事情有個了解，無論是一件普通事件還是一份合約，並且將整件事情從你的腦子裡剔出去。這樣做的話，你就可以讓自己拒絕在一件事情已經結束之後還在自問自己是否做了最明智的決定，不受任何誘惑，不會再重新考慮這件事，從而保證你不會又陷入搖擺不定的局面中。

我認識幾個人，他們本來也是對自己的判斷缺乏自信，不能為自己作主，也沒法靠自己的積極主動性行事，後來他

們透過「自我暗示」獲益良多。他們每天都會和自己進行類似這樣的自我心靈對話：「到目前為止，我的生活受阻嚴重，我的事業岌岌可危，一切都是因為我缺乏決斷力，而現在我就決心要解決這個問題。我受過良好教育，血統高貴，而且雄心勃勃。我要是不能做出點成績實在講不過去。我很清楚我有很多能力，但是我的一個弱點拖了我的後腿。我只是欠缺依靠自己的判斷為自己作出決定、採取行動的能力並因此而無法前進。我似乎沒法自己開頭做一件事，其實一旦啟動了，我就能像一臺蒸汽引擎那樣順暢工作；但是一想到我要獨自展開一件重要事情，在沒有其他任何人的協助或者建議之下將事情完成，我就會害怕到不能動彈了。我總是在依賴別人，我依賴他們依賴得太久了，很多年來我總是靠著別人的指示來完成事情，這使得我的首創精神根本無處發展。」

「現在，我要改變這一切。從這一刻開始，我將會成為一個不同的人。

我不會再搖擺不定了，不會再習慣反覆權衡和反悔了，也不會再在自己勇於著手做事之前向每一個人都徵求意見。我要以那些以強大的首創力和決斷力、行動力而著稱的人作為我的楷模榜樣。我再不是昨天那個猶猶豫豫的我了，今天，我是像詹姆士·希爾或者華納馬克那樣的人。事情必須在今天就開始做，不再有磨磨蹭蹭、拖拖拉拉，不再搖擺不

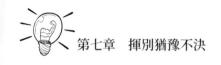
定。今天我的決定將會是迅速而且一錘定音的，我不會再把他們重新拿出來考慮。」

「我可能會犯錯誤，但我還是會動手做事。我將學會相信自己的判斷，終我一生，我將不會做一個跟屁蟲、依賴者，我將要成為一個領袖。我將不會等著別人來告訴我，我該做什麼，或者由別人來推動我。我將不會像輛沒油的汽車那樣，每隔一小會就跑回來向我的上司求救，要加油。今天，我將會自己給自己的汽車提供動力，讓我身邊的每一個人都看到今天的我不再是昨天的我，不再是那個不知自己所想、怯懦得不敢自行開展任何事情的人。那個人永遠地被放逐消失了。我終於發現了自我，上帝製造的真正自我。」

你將會獲得想像中的那種強壯、正面的素養的；你會慢慢發展出另外一種品格 —— 更強壯、更自立、更獨立。

無論一個出色的商業人士會缺少哪種素養，他身上總有些典型特徵是不可或缺的。他必須是有強烈首創精神的，這意味著他有原創能力、有創意、足智多謀、做人積極 —— 做領袖的人從不會是消極的。他們從不會是模仿複製者，也不是膽小鬼。他們有勇氣獨立思考與行動。

當我們能夠相信自身內神賦的靈魂，當我們學會充滿活力地作出決定並且依賴自己的決定，那我們的判斷力就會提升。但當我們老想著我們很有可能會在作出決定之後來回反

悔幾次的話，那我們的判斷力就會受到損害。這樣一種想法會在許多人的生命帶來失敗的 ——「因為想在發現自己所選的道路太過艱難時可以有個退路，所以不敢把自己身後的橋燒掉，要給自己留條後路。」

　　一個人要是能抱著不回頭的決心去做一件事，不達目標誓不甘休，並且以自己遇到的一切艱難險阻作為激勵。如果你能抱著必勝的態度，下定決心，一旦決定要學習法律要成為律師，你就會成為一個優秀的律師、傑出的律師，並且願意為實現此目標毫無保留地作出犧牲，那你的成功就有保障了。你決心中的那種堅定將會幫你克服許多困難障礙 —— 那些困難障礙讓軟弱的法律學學生會轉投其他學系，因為這些軟弱的學生在一開始就抱著這樣一種心態，認為他反正都是會試試法律，而如果他不喜歡法律的話，那就轉系好了。諸如此種半途而廢的決定是永遠都不會培養出一位律師的。

　　很多年輕人的問題就在於，他們根本就沒油為自己的職業投入足夠多，他們也沒油那種一往無前的堅持。他們與自己的終生追求之間沒有緊密的關係，一點點的挫折或者外部影響就足以讓他們放棄了。一個人除非能自斷後路並且讓自己毫無保留的全身心投入，否則他是不大可能取得很大成就的。

　　我曾聽許多成年說說過：「要是當初我能堅持自己的首個決定，要是我能相信自己在終生事業上的判斷並且堅持下去

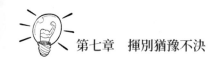

直到學業完成，我可能已經有所成就並且遠比現在快樂。」

　　許多許多的人在悔恨中過著悲慘的生活，那些未能實現的抱負在折磨著他們，只是由於一時的軟弱，他們就推翻了自己的想法並且背棄了他們最初的目標。

　　如果在某個時候，一個人需要勇氣、膽量、耐力以及意志力來堅持某個重要決定，總會有一把來自自身或者外部的懦弱聲音會說「難道你沒意識到這對你來說多麼愚蠢嗎？當一切都與你的行動向左時，堅持你自己對這件事情的看法是多麼愚昧、執迷不悔的做法啊！你做的是錯誤的決定，而且，你既沒有手段也沒有能力支持你自己的決定。為了你現在所做的事情而放棄在家人環繞的環境中享受舒適愉悅是多麼愚蠢啊！要是人們認為你根本沒看清自己的內心呢？最好還是回頭吧！承認你的錯誤吧！這總比繼續下去並且作出那麼多犧牲要好！」

　　無論你做什麼，也不管你的負擔有多重，千萬不要在被此類言論狂轟濫炸的時候就輕易放棄了。千萬不要聽從那懦弱的聲音，它只是在困難出現在你面前時催促你改變主意。一定要堅持你最初的決定！如果僅僅是因為實現目標的道路上有困難就想回頭再想，那將會毀掉你的特質以及你在未來的種種前景。

這裡，我有幾條實際的建議提供給那些缺乏決斷力的人：就你必須決斷的問題，盡可能收集到每一條能收集到的資訊，然後迅速堅決地作出決定。

　　一個能迅速作出決定的人，承擔得起時不常犯錯的代價。

　　許多人判斷力低下的其中一個原因是他們自己不相信自己的判斷力，他們讓其他人來替自己作決定了。學會相信自己的觀點並且對自己的決定懷抱信心吧！

　　不獲信任的判斷就和沒有判斷一樣糟糕。

　　充滿活力的決定是成功人士的典型特徵。

　　讓你的決定一錘定音。不要給自己留後路！不要給自己留下撤退的康莊大道！

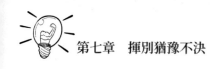 第七章　揮別猶豫不決

第八章
發掘無限可能

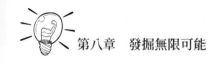

　　當法國大革命正如火如荼之際，王權岌岌可危，人民驚慌失措，一個巨人卻恰恰在此時崛起了。一個原本默默無聞但卻足智多謀的年輕人，突然出現在歷史的舞臺上並力挽狂瀾於不倒。他知道該做什麼，並且大膽提出當時的形勢要由他控制。於是，這個年輕的科西嘉人就這樣站出來了，他站在了最前沿，成為了這個國家的掌舵者並讓這個混亂的過渡期得以恢復秩序；然而就在不久之前，他還是街上一個潦倒、沮喪的學生，認為自己是個失敗者還打算自殺了此殘生。

　　然而，歐洲戰爭既向世界也向這位年輕人自己展示他令人驚嘆的一面。於是，許多此前一直自認普通平凡的人也出人意料地成為了令人矚目的焦點；榮譽在戰場上忙碌著尋找那些尚未發現自身潛能的人。毫無經驗的年輕人們正在成就一些英雄事蹟 ── 而他們在昨天還做夢都沒想到自己可以做到這些事的；至於老手們則在重新煥發青春，並且不斷發掘那些原本可能還在冬眠的、連他們自己都不知道的力量泉源，從而為他們國家的最高理想貢獻力量。

　　很多人會因為自己的過去而感到失望。你已經做到的東西對你來說也許不過是你期望中的生活以及你全心相信你會做的事情的低劣替代品。但是，你又怎麼知道你已經把自己的潛能全面發掘出來了呢？你又怎麼知道自己的身體內沒有拿破崙、威靈頓一類人所擁有的英雄力量（正是這些力量讓他

們頂天立地,讓他們成為英雄和領袖,讓他們在歐洲戰場上名垂青史)呢?你又怎麼知道你之所以會有今天是不是因為缺乏適當的刺激所以你的無限潛能都被封緘在你的身體內呢?

有很多的人,即使到了三十歲、四十歲、五十歲甚至是六十歲,都會因為潛能一下子被釋放而感到無比驚喜。

在其過去四十年的平凡瑣碎生活中,格蘭將軍的驚人力量都不曾有所展露。他在二十一歲時從一個有三十九個人的班中畢業,二十二歲時他被迫退出墨西哥軍隊。此後他從事過各行各業,而且基本都是以失敗告終。在所有這些職業中,他都沒展現出那在內戰中一鳴驚人的巨大力量。

無論是格蘭將軍,還是格蘭將軍的朋友,都從來沒有想過他的身體裡沉睡著一個巨人,直到戰爭讓他嶄露頭角。我們的內戰就是在危急關頭點燃格蘭將軍強硬性格中那些沉睡火花的引子 —— 如果不是有這麼一場巨大的危機,也許那些火花就會這樣沉睡下去了。就在 39 歲時,他還不過是個無名小卒,在一個小鎮的皮革廠裡工作。四年之後,他的名字譽滿全球,他成了一個世界大人物,他實現了名垂青史。

在我們的一生當中,我們常常會因為驚鴻一瞥的自我新發現而感到驚喜,那些發現讓我們知道,我們只是開發了自身力量的一部分,很多時候,還只是很少的一部分,而這往往是因為我們對封緘在身體內的巨大潛能一無所知。

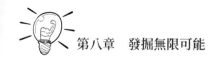

　　有多少次了？當一個人在毫無防備的情況不得不擔起某些責任時，他的驚人能力就展現出來了，而那都是些他在之前不曾運用過的能力。他們甚至不知道他們擁有這些能力。

　　事實是，我們大多數人都對自己很陌生。我們對自己的了解，比對身邊人的了解還少。我們當中的絕大多數人永遠都沒有發現那個最高強的自己。我們駐足於生命的地下室中，圍繞我們的都是我們的那些弱點和動物習性，只會偶爾冒險進入到生命的更高層次中去尋找更高的力量和更輝煌的可能。而大多數人即使到死的那一天都沒有發現這一切，因為他們根本不知道該如何去發掘，更不知道去哪裡發掘。他們沒有受過培訓，不知道要內省，所以他們終其一生都對自己不甚了解。

　　赫伯特·史賓賽 [19] 說：「在教育中，應該鼓勵最大限度地自我拓展。應該引導孩子們自我探索，並自己得出結論。應該在他們年幼時盡早告訴他們要這樣做，並且誘導他們盡可能有更多發現。人類的進步基本就是靠自我理解；而為了達至最高成就，每一個人都應該或多或少地進行這種自我理解，這做法一直有透過奮鬥而取得矚目成就的人加以佐證。」

19　赫伯特·史賓賽（Herbert Spencer，西元 1820 ～ 1903），英國哲學家。他為人所共知的就是「社會達爾文主義之父」，所提出一套的學說把進化理論適者生存應用在社會學上尤其是教育及階級鬥爭。但是，他的著作對很多課題都有貢獻，包括規範、形而上學、宗教、政治、修辭、生物和心理學等等。他是進化論的先驅（在理論上的闡述先於達爾文）。

維多利亞時期哲學家們推崇自我發現和自我拓展，其中一個最惹人注目的成功例子就是威廉·羅便臣爵士（Sir William Robinson）將軍。

　　他的職業生涯故事不但鼓舞人心而且也是獨一無二的。在十九歲那年，年輕的威廉·羅便臣爵士來自鄉村，他去到倫敦，並且成為了第九槍騎兵團的一名列兵。他只接受過小學基礎教育，但是已經懂得下定決心充分運用自己的能力，所以當時就立即著手接受自修的課程了，以此來充實自己。他把擔任列兵所得的一切收入都用到書本上了，而且，他還不滿足於利用閒暇時間來學習，在他當值的時候，還會讓同伴為他朗讀各類英國名著。

　　英國軍隊中的軍銜晉升並不常見，但在十年之後，年輕的羅便臣通過了嚴格的測試，並在第三騎兵衛隊中謀得一席之地。從那時開始，單單憑藉自己的決心和堅持不懈的努力，他便已經發掘出並且善加運用身體內的每一點力量，從而讓自己的職業生涯踏上由一系列成功鋪就的康莊大道。在印度，他發現了第一個重大機遇，並且熟練掌握了很多當地方言，由此完成了一系列獨特人物——都是那些沒法變成方言專家的官員們所無法完成的任務。他還以自己的果敢行動而聞名。在南非，他因為完成了其他人做不到的事情而得到羅伯特勳爵和基秦拿伯爵的賞識；他得以執掌陸軍軍官學院

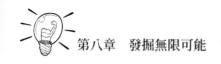

—— 這所學校集合了一眾才華出眾的軍官，為他們參與更高層次的作戰指揮提供指導。在歐洲戰爭爆發期間，他以英國遠征軍軍需官的身分前往法國，由於他成功地保障了這支軍隊的海外補給，後來得以晉升參謀長。

就如一位同僚對這位經由奮鬥取得非凡成就的人所作的評論那樣：「每個人都應該敬佩他。他是透過單純的勤奮用功、最大限度地發揮自己的天賦來克服困難並贏得今天這一切的。」

要是每個人都能喚醒自我，認知到沉睡於自己身體內的能力與各種無限可能，並且竭盡自己的全力來運用這些能力，那我們的進步將會是快速的，我們的改變將會是巨大的，一年過去之後我們所理解的就只會是一個全新的世界了。

然而年輕人們經常會這樣對我說：「但我怎麼知道呢？我怎麼可以確定自己是否有些未被發掘的能力呢？如果我清楚知道自己有羅斯福、愛迪生、華納馬克那樣的能力，或者知道自己有什麼特別才能，那我肯定願意做盡一切苦工、承受一切艱苦來發揮這些能力。而且，只要我知道我最終肯定能成功的話，我肯定不介意付出多少的心血或者時間，多少年都不介意。」

為什麼我們不是所有人都對自己的工作抱有那樣的熱忱呢？為什麼那種成就了歌唱家、藝術家、演員或者著名專家

的力量和堅持不懈 —— 正是這些力量使得他們能夠不斷在自己的專業領域中拓展 —— 不是人人都有呢？因為我們當中大多數人都不願意為了那些更高遠的東西付出代價，不願意為了一開始的成功而兢兢業業地工作，而恰恰是那些最初的成功才可以鞭策我們進行更多的嘗試；還有就是我們只想在開始之前就能清楚知道最終的結果。

要知道，當你在浪費時間去妒嫉那些帝國征服者、那些跑步選手的時候，你只是在放走了又一個機遇 —— 可以提升你的能力、幫助你進步的機遇。當你還在好奇，那種神祕力量究竟是什麼，可以使得一個普通工人成為主管、使得一個巡視員成為工廠業主、使得一個門童成為酒店經理、使得一個合唱團女孩成為明星、使得一個窮困的無名律師成為布萊克斯通或者喬特那樣的人物、使得一個學校老師成為學院主席、使得一個普通士兵成為著名將領的時候，有些並不比你更優秀的人實際上已經在開始行動了，就在你的眼前，他們已經在開始改變自己。

好好發掘你自己的潛能吧！只有在你自己這裡，你才能招到自己的力量，才能找到成功的關鍵。

我們當中的很多人，他們不是從自身內裡尋找動力，而是從外界尋找動力。自古以來，人類一直就在尋找外界的幫助，希望外界能幫助自己承受各種不幸、能改善條件幫助自

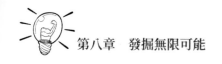

己減輕痛苦、減少疾病，但是人類從來沒有從外界求得解脫。我們剛剛才開始認知到，一直哭著喊著尋找的幫助，原來就在我們的體內。這種可以讓我們得到任何東西、實現任何夢想的力量一直沉睡在體內，正等待著機會表現、發揮出來。

我們能讓自己實現些什麼成就，很大程度上取決於我們打算封鎖於身體內的力量泉源中獲取多少的活力和堅持力量。這些力量中有很多都是在我們的身體內沉睡得很深的，一般情況下他們是無法回應召喚甦醒過來，無法幫助普通人的。只有在巨大危機之下，或者到了災禍降臨的生死關頭，我們當中有些人才能認清楚自己。

西元 1908 年的舊金山地震和大火讓許多人失卻一切，就當數以百計的人認為他們此生就此完蛋之後，他們卻驚奇地發現，當初被他們看作人生中最大的災禍卻原來是一種經過偽裝的庇佑。事實證明，那只是他們所需要的催化劑，摧毀了他們所依賴的一切讓他們無所依靠，並且讓他們發現了自己的能力和巨大的力量儲備，而這一切是他們之前從未發覺的。他們驚訝地發現，原來之前他們是如此地依賴物質、金錢、房產、朋友和影響力，而現在，他們從自己身上發現無限大的力量。那些幫助他們重新獲得物質的力量不過是這些新發現力量中很小的一部分。

這群熬過了地震和大火的人士，他們的經歷和矽金礦裡某位礦工的情況很類似，這位礦工在加利福利亞峽谷某個深谷的礦下工作了有些年頭，他一直堅持不懈，希望能找到「金子」。很多時候，他會有放棄的念頭，因為他會覺得，要是他還堅持下去，他可能就會死於貧困潦倒。但是，某天晚上群山中爆發豪雨，帶來了洪水。洪水流過山谷並且帶走了數千噸的泥沙。這位礦工認為，他那些微薄的財物、他發財的希望，通通都會隨著洪水流走了。但是，當水退卻之後，他卻發現了之前做夢都沒想過的財富 —— 深藏於泥沙之下的、他之前沒法挖到的金子。

　　在今天這個時代，效率和科學往往能發現一些新的生產力泉源，從一些在不過幾年前還被我們看作一無是處的廢物身上發現巨大的財富。

　　現在我們都知道，沒有東西是毫無用處的，我們正在努力讓每一樣東西都發揮其價值。

　　我們透過與蠟燭數量成比例的電流向燈泡供電並獲得光明。一個功率相當於四根蠟燭的燈內，其燈絲是無法發出相當於十六根蠟燭那樣的燈所能發出的光。我們就猶如人肉燈泡，依附於普世的力量電流，我們會發光，而我們能發出多強的光則取決於我們那盞燈的功率相當於多少根蠟燭。很多人的一生充其量只會發出與四根蠟燭功率相當的微光，不是

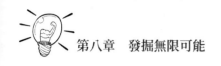

因為他們沒有能力發出更強的光，而是因為他們從不知道該如何展現自己的力量。如果你能成為一盞弧光燈，你為什麼還要做蠟燭呢？

有些人似乎還未理解該如何盤點自己的資源，不知道他們擁有些什麼資產和債務。他們把自己當作弱功率的燈，因為他們不懂得將其現有的力量轉發成實在的光或者能力。他們在去到適合的位置之前或者用盡全力之前都在低估自己。

我們經常可以聽到人們提到這樣一個事實，說他們實在是對自己在生意上或者專業領域中的快速進步感到非常驚訝，在他們一開始的時候，他們可沒想到這一切可能發生。他們認為，那是因為他們在一開始就竭盡全力，即使那時他們還沒有什麼成就。

很多被看作成功人士的人，他們都是在中年過後才找到了開啟無限潛能的關鍵所在，而在此前，他們對此都是一無所知的。

在普法戰爭爆發前，馮‧毛奇尚未意識到他那些巨大的力量已儲備；而法拉古特上將也從不曾夢想過他能有那樣的能力穿越水雷滿布的莫比爾灣，並且令其曝光於世。

林肯在當選總統之前、在面臨國家生死存亡關頭 —— 真是這種危急關頭把這位領袖身上的超凡品格喚醒了 —— 之前是否想像得到他可以如此偉大呢？這本身就難以確定。

也許你真的是相信，你正在你的工作中盡你所能發揮，你已經把把每一點力量都運用到最有可能的有利條件中。換句話說，你可能相信，你真的已經在工作中竭盡全力了；但是讓我來告訴你，一旦你的生活遇到這麼一個時候，需要你為了對外的目標而運用起你的力量，那時你和你身邊的人就會驚詫滴地發現，在這種特殊時刻，原來你有之前難以想像到的種種力量和能力。

我們當中已經有多少人曾有過這樣的經歷了？我們的生活遭遇了突如其來的危機，它是如此突兀而緊急，需要有極大的力量和極高的籌謀才能對付過去，而這時我們往往會為自己在應對危機過程中所展現的能力而驚嘆不已。這些危機，有可能是財物的損失，有可能是父親的離世導致我們突然間要承擔起我們原來並未想過自己可以承擔的責任；這種危機也有可能是我們沒法實現自己迅速喚醒身體內那種氣概的夢想，但無論在這些緊急關頭我們要面對什麼，它們都會幫我們發現自己。

在沉睡於燧石內的火花終於等來了摩擦並因此被點燃之前，我們當中沒有人知道自己的身體內究竟藏有多少的火藥。很多特質都是這樣的，平凡生活中的普通事情是不會喚醒或者挖掘出人們的最大天賦的 —— 因為這些天賦在潛藏得太深了，不容易被激發。

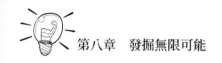

持續幾個世紀的和平是不會激發諸如 Von Moltke 和格蘭特等人的最佳能力的。有時候，在某些人經歷過巨大的危機 —— 這些危機大得足夠喚醒他那些天賦的能力 —— 之前，你是沒法發現他身體內究竟有些怎樣的潛能。

對一個人來說，最美妙的事情就是被喚醒，從此認知到封緘於身體內可以締造奇蹟的力量。人生要獲得成功的第一步就是要認識自己，因為無論一個人體內冬眠著的各種潛能有多大，要是他沒法發現自我，他是沒法運用這些潛能的。

教育中的一大問題就是我們能在多大程度上教會年輕人了解自己的潛能、教會他們喚醒自己那些潛伏的活力，能在多大程度上展示出他們最好的自我、激發他們的成長與發展。僅僅是把某些事實塞進學生的腦子裡，透過複誦和模仿來教育他們，讓他們的腦海裡充斥著各種事實、原理、規則，這可不是教育 —— 這只是「腦力填鴨」。真正的教育是一種演進發展的過程，喚醒人腦內的能量並讓其好好發展，並且會鍛鍊人的心靈素養，讓人有足夠的精力並且足夠強壯，可以抓住並掌握住該掌握的一切。

能夠透過鼓舞和激勵來帶領學生發現自我的教師就是最出色的教育者。

一位非常出色的人士曾告訴我，隨著他的大學歲月回憶在腦海裡不斷放大，他明白到，他從大學裡得到的最好東西

不是他在畢業時收到的文憑，而是他從一位教授那裡得到的鼓舞 —— 這種鼓舞似乎觸及了他內心的自我力量泉源，讓其變成了一股噴泉並惠及其一生，而且這種力量泉源的功能是不斷變得越來越清晰的。他在大學課程裡學到的很多事實和原理都逐漸在記憶中變得黯淡，但是來自教授傑出人格的鼓舞卻讓他的生活變得更好、讓他締造了奇蹟，並且從來沒有在記憶中褪去。

要是當我們離開學校或者大學時，我們已經更加清楚自己那些有生產力的思想素養能給自己帶來怎樣的力量和泉源，我們也許就能早點發覺出自身的力量。

我們當中大多數人的最大問題就是我們甚至都沒去試試發現我們自己。我們沒有進到最大的努力去發掘沉睡的力量。我們只是擦著膚淺的表面遊走，根本沒有嘗試去尋找能開啟無限潛能的鑰匙、能釋放沉睡於深處的力量的鑰匙。我們寧願滿足於在平庸鋪就的舊路上蹣跚前行，都不寧願努力讓自己進入到前人不曾進入過的地方。

除非你至少嘗試過去發現自己，否則你永遠都不能讓自己的生活有多少成就的。為了發現自己，你應該將自己置於最有利於實現此目的的位置上；如果可能的話，你應該與那些所實現成就與你的抱負相差無幾的成功人士保持密切聯繫。

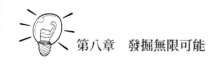

　　和那些強大的人物接觸對發現自我是很有幫助的。那會鼓舞我們的靈魂，並且在我們的生命祭壇上燃起永不熄滅的熊熊大火。

　　當溫德爾·菲利普斯還是哈佛大學法律系一名正準備開始執業的年輕畢業生的時候，他聽到威廉·勞埃德·加里森[20]描述的奴隸制恐怖情狀。這激起了這位年輕律師心中對抗不平的沉睡力量，也促使他最終關閉了自己的律師事務所並且投身解放黑奴事業。

　　愛默生則喚醒了數以千計的沉睡心靈，很多人如果不是因為他，永遠都不會醒悟過來。他改變了人們的生活哲學，喚醒了他們的理想主義，並且向他們打開了新世界的大門。

　　丹尼爾·韋伯斯特[21]讓許多人知道原來自己可以成為演說家，菲利普斯·布魯克斯[22]和亨利·沃德·比徹則激勵了很多年輕人進入布道行列。

　　在英格蘭，數千的年輕人因為拉斯金和格萊斯頓而過上更加高尚的生活。有這麼一種說法，說是在格萊斯頓管治英

20　威廉·勞埃德·加里森（William Lloyd Garrison，西元 1805 ～ 1879），美國著名廢奴主義者、記者、社會活動家。同時是廢奴報紙《解放者》的主編。美國反奴隸制協會的創始人之一，主張「立即解放美國奴隸」的廢奴觀點。他一生還為婦女爭取選舉權的運動搖旗吶喊。

21　丹尼爾·韋伯斯特（Daniel Webster，西元 1782 ～ 1852），美國著名政治家、法學家和律師，曾兩次擔任美國國務卿，一生政治觀點靈活多變。

22　菲利普斯·布魯克斯（Phillips Brooks，西元 1835 ～ 1893），美國著名作家、牧師。曾經在1890 年代任馬薩諸塞州聖公會教堂主教。

格蘭的時期，每一位年輕人都受到了格萊斯頓[23]那非凡的職業生涯的鼓舞。類似的說法也圍繞著他的出色對手迪斯累利而流傳。同樣，不計其數的年輕美國人受到了羅斯福那過人精力的鼓舞而發揮出更多的才能。

很多商業機構都會在其旗下的不同分部派遣一些業績領先者，好讓他們成為別人的榜樣，鞭策著其他人，好讓懷有抱負，立志成為同樣出色的人。通常來說，年輕人看到別人從事同樣的工作卻做得更好時，他們自然而然地就會受到感染，希望發揮更大的力量做得更好。

賽馬在有勢均力敵的對手時會跑得更快 —— 因為這時牠會受到刺激，立下了追趕或者保持領先的決心。

兩匹齊頭並進的賽馬在一起都可以跑得更快，而要是只有其中一匹就做不到了，因為牠們只有才一起才能互相刺激對方、鞭策並激勵對方。

我們一生當中都能遇到這樣一些激發我們抱負的人，如果我們能殷切地追隨這些品格楷模，以他們為追趕的目標，那我們肯定會因此獲益的。

一方面，我們的腦力能發揮到何種程度、我們能喚起多少沉睡的能力首先取決於我們自己，另一方面，決定了我們

23　格萊斯頓（William Ewart Gladstone，西元 1809 ～ 1898），英國政治家，於 1868 ～ 1894 年間四度任英國首相。

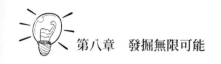

的發展狀況的幾大主要因素就是我們身處的環境、我們的旅途、我們所遇見的人，以及我們所選擇的理想、教育還有我們所看的書。

我們一些偉大的作家就激發了許多年輕寫作者身上的文學火花，要不是因為有他們的激勵，很多人也許終其一生都沒法喚醒自身的寫作潛能，連一行內容都不會寫出來。

莎士比亞喚醒了很多人腦海裡原本只是一片荒蕪的區域，並且讓其變得肥沃。世界上又有誰可以衡量這位戲劇大師在喚醒人們的戲劇能力方面究竟有多大的豐功偉績呢？

那些歷史的明燈、那些書寫歷史的傑出人物對我們有著巨大的恩情，而我們對此又有多少認知呢？想想吧！要是那些備受我們敬愛的人物、那些在塑造我們品格過程中發揮了很大作用的典範人物通通都不曾出現過，那我們的生活將會多麼荒蕪、貧乏啊！

假如，所有有關亞伯拉罕‧林肯的痕跡都被從歷史中抹去、從人們的意識中抹去，那將會是一種無可挽回、彌補的損失！每天都有千千萬萬的年輕人因為熟知亞伯拉罕‧林肯的種種嘗試和歷經掙扎後最終取得的勝利而受到鼓舞，並以此戰勝挫折。每當他們想到林肯這個來自偏遠地區的男孩出色地克服了種種障礙和困難，實現了讓自己發揮出最大能力的目標，他們就會以中途放棄理想為恥、以中途折返退卻為恥。

不同的東西可以喚醒不同的人格。不同的體驗可以激發我們腦中某些特定的能力；那可能是一本激動人心的書，一場給人啟發的演講或者布道，又或者是一個建議、一份來自對我們有信心的朋友的鼓勵；那還可能是一場生活中的緊急危機，或者是一些巨大的失敗或折磨，而正是這些事情挖掘出了我們最為高貴的特質、也讓我們對自己有了全新的認知。

　　無論動因是什麼，我們都知道，世界的進步取決於我們能在何種程度上發現並運用好自己的潛能。文明的奇蹟來源於個人沉睡力量的喚醒。

　　當林肯第一次去到紐奧良的時候，他看到了黑人孩子被迫和父母分離，原來和睦快樂的一家人因此骨肉分離，像牲口一樣在市場上交易，最終被賣作奴隸；他所看到的這一切深深觸動了他，激發了他對奴隸制這種反人類事物的厭惡，並且在他的心中燃起了一團火焰 —— 最終這團火焰幫助他將奴隸制從我們的憲法中剔除出去。

　　當時赫斯凱恩伯爵還是個默默無聞的年輕人，某天他閒逛進某個法庭的時候，正好聽到了英格蘭一位出色的訟務律師在陪審團前作出一場激烈的辯護，這番辯護讓這位年輕人發現了自己的法律天賦，而這發現又讓其喜不自禁，在他開始學習法律之前，他幾乎都沒法在如此驚喜的發現面前保持自制。就在那時，他決定了以後的職業路向。就是如此簡單

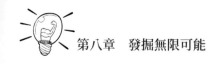

的事情改變了他的一生，為他自己開啟了未來，也為英格蘭帶來了最明亮的法律之光。

　　我們的身體裡有著成千的各種特性，猶如一個個密室，每一種都被人自己的耶魯鎖封鎖起來了，而除非我們自己找對了鑰匙，否則這一切都不會開啟。而我們當中有些人，總是能開啟一些之前完全沒有感知到其存在的密室。某些偶然而來的相識就能給許多人啟發，並改變其整個職業生涯。從友情之手的溫暖一握，到帶著鼓勵之意的片言隻語，往往都會成為某些人生命中的轉捩點 —— 那些人原本意志消沉，並且已經放棄再去嘗試發現自己、提升自己了，但是這些鼓勵改變了他們。不到開啟之日，我們永遠都不會知道，什麼東西可以開啟潛藏於我們身體內的新密室、可以釋放出哪種曾受壓抑的力量。

　　環境的改變、新獲得的體驗、一本給人啟發的書，都有可能成為開啟你身體內無限可能的鑰匙，並且可以讓光明湧進並照亮那些此前只有黑暗和寂靜的地方。

　　我們能取得多大的成就，在某種程度上，也取決於我們能不能碰上那些適當的促進因素 —— 能喚醒我們的抱負或者我們那些沉睡的能力的因素。我經常都會聽到某些成功人士說，如果不是因為當年發生在他們身上的某些事情，他們也許永遠都不會如現在一般成就卓著。

如果可能的話，讓自己進入到一個可以喚醒抱負、可以給你激勵的環境裡吧！你會驚喜地發現，原來這樣一個環境可以如此打動你，使你加倍努力，還可以喚醒你那些沉睡的力量、鞭策你做更新的嘗試。

　　那些把自己與同類隔離開來的人，那些不熱心與人交流、不希望離開自己熟悉的日常環境、讓自己困守在一條路上的人，實在是犯了一個很大的錯誤。這些人根本沒有意識到，他們不讓自己接觸全新的體驗，他們很可能就永遠沒有機會找到那些開啟身體內各個耶魯鎖的鑰匙，而那些鑰匙意味著新的希望、新的生活，意味著有可能作出更大的貢獻、獲得更大的成功和快樂。

　　人類生來就是要聚居在一起的，就是要和彼此交流溝通的；那些優秀的溝通者，那些能在不同事物中游刃有餘的人，那些熱愛其同類的人，他們不但能讓自己的生活更快樂、有更多貢獻，而且他們還能因此不斷發展自己、提升自己。和人們保持聯繫接觸，尤其是和那些有涵養並且見識廣闊的人多聯繫接觸，對你來說本身就是很好的教育。這些活動會把「人」這顆寶石上的粗糙尖角磨掉，將其打磨得更閃亮、並且展現出其原本一直隱藏的的美麗與價值。

　　只要我們願意的話，我們所有人都可以幫助他人發現自己。而且，鼓勵他人、幫助他人開啟新的可能，讓光明照亮

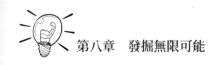

他們生活中那些未知的區域，是一個人所能做到的事情中最為高尚的一種。世界需要那些優秀的鼓舞者、激勵者，需要那些能喚醒尋常男女身體內的不尋常力量的人 —— 這種需求甚於對優秀律師、物理學家或者政治家的需求。

　　但是，想要幫助他人發現自我我們首先必須發現自己，否則我們是沒法幫助別人的。生活對我們所有人來說就是一段發現的旅程。歸根結底，我們每一個人，都應該成為自己未知潛能領域中的哥倫布。

第九章

全力以赴 做到最好

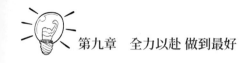

　　笨手笨腳的員工為自己工作上的失誤道歉，並表示自己已經盡了全力。他的雇主說道：「任何笨蛋都懂得道歉，我希望你能全力以赴，做得更好。」

　　有人問雕塑家沃德[24]：「你最滿意的作品是哪個？」沃德回答道：「下一個。」

　　把最好做得更好，以求達到理想結果的人，必定擁有高尚、敬業之特質。如果我身為雇主，碰到如此力爭完美的員工，一定會毫不猶豫地納為己用。

　　了解一個人的最佳辦法，就是觀察其工作的態度，工作時的精神以及工作的品質。馬虎對待工作的人，一定不會是懷抱遠大理想之人。只有認真仔細完成的工作，才說明此人具備不同凡響的精神特質。如今的世界，偉大並不都由天才造就。能在競爭中脫穎而出的，只有那些永不滿足於已得成就並且不斷打破紀錄的人。

　　曾經有一位將領興高采烈地去跟拿破崙邀功，說道：「陛下，我們已經攻下了一個炮兵連！」沒想到拿破崙只是冷漠地回應一句：「那就繼續攻下一個。」

　　很多人止步不前，只因為滿足於現已取得的成就，並從此羈絆在自己所造就的光環之下。

24　約翰·昆西·亞當斯·沃德（John Quincy Adams Ward），西元 1830～1910），美國雕塑家，聯邦大廳前華盛頓雕像的作者。

在我認識的諸多成功人士中，有這麼一個人，他除了擁有不斷改進的精神外，既不聰明，也沒有任何天分。他的成功得益於對一個原則的堅持，那就是：明天一定要比今天哪怕只有一點點的進步。他不依靠聰明才智獲得成功，而是不斷地改進自己已經完成的工作並使之更加完善。把昨天未盡之事做得更好已然成為他工作的熱忱，他也因此獲得事業上的成功。很多人無法理解，如此一個資質平庸的人怎麼會獲得這樣大的成功。其實祕密就隱藏在他永不止步、把最好做得更好的精神裡。

　　謙虛使人進步。只要你不止步、不停歇，就能把最好做到更好。

　　偉大並不專屬於天才，如果能有更多人明白這個道理，就能減少許多無謂的等待：等待天降大任，等待造就成功的機會降臨。相反，他們會每天都努力超越昨天。辛勤工作的人心懷遠大理想，力求把最好做得更好，堅持不懈地追求進步。比起那些終日等待天時地利，等待天降大任之人，他們也因此走得更遠。

　　一年下來，每天都做到比昨天有進步的成效是驚人的。一點一滴的進步累積起來便是成功。今天進步一點，明天再接再厲，三百六十五天過後，奇蹟便會發生。

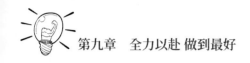

鋼鐵業巨擘、百萬富翁查爾斯・M・施瓦布[25] 在一次面對紐約市青少年的演講中說道:「無論你從事何種行業,只有做得比其他任何人都好才有可能成功。單單憑藉這點就足以讓人對你刮目相看。我們在做好本分工作的同時,只要比別人多做一點,那就是進步。」

人們感到困惑不解,這個年輕人的進步怎麼如此神速。他們於是將之歸納為運氣好。可是,運氣為什麼總光顧他?答案其實就隱藏在平凡與卓越的差別中。因為這個年輕人懂得把卓越的標準提高一點,並按照自己的想法一步步去實現,最終闖出一片嶄新的天地。他堅持不懈、踏踏實實地向前走,慢慢地超越所有人,跑到了最前端。他總能在這個世界占領一席之地,讓全世界的人都看得到他。而他的辦法也只有一個,那就是把最好做得更好,永遠比別人要求的多做一點。也正因於此,他,威廉・愛德華・比米斯[26] 成為了美孚石油公司最出色的主管之一。比米斯先生從一個小小的會計師升遷為公司國外部的總經理,並因為工作得以經常周遊世界。

比米斯年輕時候從事的職業被一般人認為是枯燥無趣、沒有發展前途的,但他並沒有把自己局限在日常單調的工作

25　查爾斯・M・施瓦布(Charles Michael Schwab,西元 1862 ～ 1939),美國鋼鐵巨擘。

26　威廉・愛德華・比米斯(William Edward Bemis),美孚石油公司的管理者之一。

中。他時時要求進步，並想方設法地引起其直屬上司甚至公司高層的注意。

「他成功了。」一份悼念他的文章寫道，「透過比較各個煉油廠的成本價格，他寫出了新穎而有價值的報告，並成功地抓住公司高層的注意。為此，他迅速地晉升為美孚石油公司的管理者之一。」

當你首次接觸一家企業時，最先體會到的就是該企業領導人的素養。如果是那種不滿足於現狀並不斷要求進步的老闆，就會不斷改進自己公司的外部形象，內部設施以及各項服務的品質。只有這種不斷提升產品品質，推陳出新，什麼時候都要求獲得最大效益的企業家才能最終收穫成功。

只要有理想，每個人都可以在某個領域裡成為人上人。成功的唯一障礙在於我們自己。抱怨時光荏苒，機會錯失，或者覺得自己心有餘而力不足等通通都是藉口。只要自己渴望成功，無論何時何地，你都可以做到。

二等的商品只有在人們得不到一等商品時才會被接受。如果經濟條件允許，誰不願意買最好的衣服，吃最好的奶油、上等的肉和麵包？即使我們沒錢享用，心裡不也希望能得到最好的嗎？居人之下的員工就好比二等的商品，只有在雇主得不到比他們更優秀的人才時才會得到青睞。

只要你足夠優秀，不論你身處何種境況，屬於哪個種

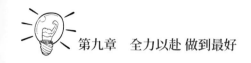

族，都會得到重用。三百六十行，行行出狀元，身懷絕技之人總能得到成功的垂青。

然而，優秀、出類拔萃不是輕易就可以做到的。沒有付出就不會有收穫。你必須保持思想高度集中，時刻堅守職位，並且不斷追求完美。當然，相對於整天為進步而奮鬥，懶散度日則更為輕鬆。想成為怎樣的人，是人上人還是人下人，就看我們付出了多少努力。只要願意，都可以比昨天更上一層樓。

任何一位人生剛起步的年輕人，如果碰到有人暗示說他以後都不可能超越現有的成就，都會感覺受到了侮辱。這就好像告訴一位年輕律師，他剛打贏的官司是他一生中最精彩的一次，他今後都不可能再超越這個極限，因為他已經在陪審團面前做出他一生能做的最動人的陳述，他那是超水準發揮，以後都不可能比現在更加成功。你覺得他會給予什麼樣回應？這就好像告訴一個包工頭說他所建的某棟房子是他一生中所能建的最完美建築，以後都別想有所超越；或者告訴一名速錄員說，她的記錄速度已經達到極限，下半輩子都無法再打破這個紀錄，所以也別再白費功夫了一樣，他們都會怎麼想呢？

他們會生氣並反駁你。因為即使是最普通的服務生，在你說他今後不可能做得更謹慎，更完善，對客戶更彬彬有

禮，或者更能取悅顧客時，他也會覺得受到了侮辱。

我們每個人的身上都有股潛在的力量，告訴我們自己還能做得更好，還能取得更大的成就。我們相信自己有能力超越過去；我們相信自己能比過去做得更好。我們需要的，是比過去投入更多的精力、時間和熱情。只要我們更認真更努力，就能做得更好。

我活到現在還從來沒有遇到過這麼一個人，一個職員、推銷員，一個律師、作家、藝術家或者商人，會承認自己已經達到事業的頂峰。我們身邊最勤奮的人都有可能超越我們，所以我們不能氣餒。我們身上蘊藏著無限潛力，所以超越過去是完全有可能的。既然如此，我們為何不去努力呢？我們為何要甘於平庸，任由惰性阻礙更上一層樓？我們為何要局限於瑣碎工作而不去成就一番大事業？

埋怨運氣太差，或為失敗大發牢騷，是對自己誠實的人應該做的嗎？我們捫心自問，自己是否已經盡了全力，把所有事情都做到最好？我們之所以感覺受辱，不願意承認我們已經達到極限，是因為心裡不服氣，還希望能夠走得更高、更遠啊！

事實上，我們對自己都不夠嚴格。我們太容易屈服，對自己太仁慈、太嬌慣。就像慈母對待孩子一樣，我們對自己的要求太低，甚至允許自己犯一些我們不允許孩子犯的錯

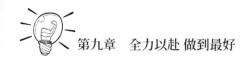

誤。我們屈服於習慣，逃避困難，專挑容易的事情做，一遇到阻礙便退縮。這些都是我們沒有全力以赴的表現呀！

也許你認為自己為了成功已經盡了最大的努力，但假設有人願意給你雙倍，三倍甚至四倍的薪資，要你在六個月內超越自己，變得更加優秀，你敢說你不會更加努力地去完成任務？你敢說如果面前設有這麼一個目標，你不會因此迸發出更多的靈感，更多的創意，投入更大的努力，更強的興趣以及更認真的工作態度？你敢說你不會加班把工作做得更好？年輕的朋友們，那時的你還會介意是否提早上班或延遲下班嗎？還會認為在午休或晚上的時候花個五分鐘、十分鐘臨時抱佛腳，就可以輕鬆完成任務嗎？你難道不會更加一絲不苟、更加努力地應對工作？那時候的你還能像現在一樣便宜行事，時不時再犯點小錯誤嗎？

其實你心裡非常清楚，如果真有那樣的機會，你一定會利用一切手段來達到目標。你早上會提前去上班，以最佳狀態開始一天的工作。你會更加注意形象，不再穿弄髒的亞麻布製的衣服和沒有擦亮的皮鞋。你還會保證每天都以最佳狀態出現在辦公室，穿著正式，彬彬有禮。那時候，你一定不願意給任何人留下絲毫不良印象。

也許你玩世不恭，工作馬虎，覺得是否事業有成並無所謂。如果是這樣，你最好馬上端正這種生活態度，重新建立

目標，並以積極向上的精神面貌去為之奮鬥。你必須有不做次等公民的決心，不敷衍了事的態度，做什麼事都全力以赴，爭做人上人。無論身在何處，都不要甘於做沉默膽小的看客，而要勇敢地站出來，成為有權威的領導者。

你應該下此決心，不論服務於哪個職位，都要求自己做到最好。只有這樣，你才能做自己的主人，做工作的主人，才會擁有成就感。

一旦稍強於他人便沾沾自喜也是不可取的。因為我們不需要和別人比較，你的競爭對手只有你自己。請記住，領先你的鄰居也有可能是落後於你自己。

告訴自己，無論在工作上還是對社會的貢獻上，都必須摒棄自卑，相信自己能做到最好。讓「做最出色的人，不被任何人趕超」成為你的座右銘吧！世上只有一個目標值得人類去為之奮鬥，那就是：竭盡全力出色地完成任何任務。

切莫再幻想哪天你會喜得天助，只要事事都能全力以赴，做到最好，成功便不再遙遠。專注多一點到工作上，卯足馬力，敢做敢為，讓對成功的渴望驅動你前進，那樣在不知不覺間，你就會發現，自己已經累積了足夠的能力來成就所有的事業。

如果一般的努力就能帶來成功，那麼不懈的努力又會帶來什麼？如果一點點的智慧加上稍微的專注就能幫助一個人

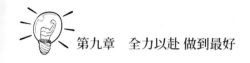

在事業上游刃有餘，那麼當他傾注所有熱情，全身心投入，以做到最好的決心、大師的精神和藝術家的執著做一件事情的時候呢？

正是好與更好，更好與最好，普通技能與專業技能的細微差別，決定了許多人的一生究竟是活得平庸還是精彩。

大衛·勞合喬治[27]在面對戰敗危機時曾對他的英國子民們說道，沒有破釜沉舟的決心，就不可能贏得勝利。而人生也像戰爭，而且是一場持久戰。如果我們沒有全力以赴，便可能全盤皆輸。只有做到最好才能贏得勝利。人生最大的成就便是在任何事上都傾盡了全力。沒有全力以赴的人生也終將遺憾。

在我們每個人的心中，都有一個法官。他雖然沉默不語，但卻鐵面無私，對我們的所作所為都能做出最公正的評判。我們無法賄賂他，一旦做錯了事，就得受到懲罰；反之，則得到褒獎。所以，我們只有全力以赴，出色地完成所有任務，才能得到他的肯定，也才能走得更遠，獲得可以持續一生的成就感。

27　大衛·勞合喬治（David Lloyd George，西元 1863～1945），1916 至 1922 期間的英國首相。

第十章
義無反顧，邁向成功

第十章　義無反顧，邁向成功

　　一種射程超過 25 英里（40.23 公里）的新型榴彈炮，如果沒有以正確的方式加入足量的火藥，便無法完成其 25 英里的射程。假如炮手僅僅加入一半的火藥，此榴彈炮會因火力不足而中途墜落。但並不是下足了火藥便能確保命中目標，火藥的品質也非常關鍵。優質的火藥即使不足量也能釋放出足夠的能量。因此，軍隊要上戰場就必須準備好充足的火藥，否則，損失將不可估量。

　　然而，在人生的戰場上，又有多少人會帶足火藥。他們因此難以射中目標。如同榴彈炮，夢想的實現也需要借助火藥的力量，而該火藥便是人們想要成功的決心。一個人有多少對成功的欲望，付出多大的熱情和努力，就會收穫多大的成就。

　　看到很多人僅有對成功的渴望，而不付諸行動，覺得十分可悲。他們沒有意識到渴望成功和獲得成功完全是兩碼事。僅有渴望的人，和那些為了渴望抓住一切機會並付出一切代價的人有著天淵之別。有的人總在等待好運降臨，等待機會出現，等待貴人相助；而有的人則破釜沉舟，義無反顧地投身事業，並越挫越勇。這兩者的區別就是平庸和輝煌之別啊！

　　堅定不移邁向成功的決心和意志，任何時候都能帶你逆流而上。無論是波濤洶湧，還是暗礁險灘，只要意志堅定，就能到達目的地。但若意志薄弱，決心動搖，就會如同一條死魚，和那些沒有力爭上游的人一起，隨波逐流。

能力不足不要緊，倘若缺乏不折不撓的毅力和義無反顧的決心，則絕不可能造就任何輝煌。

在競爭激烈的今天，只有義無反顧，全身心投入工作之人才有可能成功。他們以自己的方式在世界占領一席之地。而那些只付出一半努力的，也就只能收穫一半的成果了。

請君銘記，世上從無不勞而獲的果實。愛默生的一句名言更是道出了這個真理：「人只有在謝絕了所有人的幫助並獨自奮鬥時，才有可能變得強大並獲得成功。」

年輕人呐，只有覺悟到這點你的人生之路才算是步入正軌。在開創事業之前，你就應該拋下等待別人助你一臂之力的念頭。因為除了你，世上沒有第二個人能夠幫你建設人生藍圖。

這個世界充滿太多等待別人前來推他一把的人，他們是永遠成就不了大事業的弱者。即便他們透過別人的說明達到目標，他們也沒有能力守住。我就認識很多這樣的人，他們成天設想如果自己也能有各式各樣的機會，會成就一番怎樣的事業。他們如果也能上大學，他們如果也有機會獲得培訓……但問題是，沒人來幫助他們上大學，沒人來完善他們的人生，也沒人來成就他們的事業。

無論擁有什麼優勢，此類為自己的平庸找藉口之人永遠不可能有所成就。而那些自立自強，勇往直前的人則不會為

任何困難所撂倒。他們就算身患殘疾，遇到天大的障礙，也一樣能獲得成功。如今有千千萬萬的大學生，他們都是憑靠自己的努力和信念，才得以進入大學接受教育。他們有的人家境貧窮，甚至必須和父母一起養家糊口，有的則身體不便。然而，他們都懷有無論如何都要上大學的決心。不管旁人如何嘲笑，覺得他們純屬痴人說夢，他們照樣咬牙奮鬥。這種從社會底層奮鬥成功的故事不是常有的嗎？他們下定了決心並且付諸了行動。但如果有哪些「善人」覺得他們可憐，用金錢幫助了他們，我想不單是這些原本必須自己奮鬥的年輕人，長遠來看，就連整個社會都會因施捨而落後。

「相信自己吧！每顆心都會為此而顫動。」

嬰兒在學走路時都知道必須相信自己，勇敢嘗試，否則永遠都學不會。狗在學游泳時也從不會害怕下水。由此看來，動物和嬰孩都比成年人更有智慧呀！

就拿游泳來說吧！純粹是對自己的能力有無信心的問題。淹死的人都是因為不相信自己能游泳而死。克服膽怯的心理，完全控制住自己的意志，相信自己的能力，也便學會了游泳。

當你切斷一切外力的幫助，就會驚訝地發現自己身上原來藏有一股新的力量，是以前從來不知道的。而這股力量只有在你不再依賴別人的幫助，勇於扔掉拐杖，獨自挺立於天地間時才會出現。

小康內留斯‧范德比爾特[28]從小就知道自力更生的重要，並因此受益終生。在他還是十幾歲的少年時，甚至沒有經過學校老師的推薦，就直接向紐約鞋和皮革銀行（Shoe and Leather Bank）的總裁申請職位。

總裁看過信後問他和范德比爾特准將[29]有什麼關係。

小范德比爾特回答道：「他是我的爺爺。」

「那你為什麼不直接讓你爺爺推薦你呢？」

「因為我不想透過他的關係得到這個職位，我要靠自己的力量。」這位固執的應聘者回答道。

於是他受聘為銀行的櫃員，並在工作中展現了其他優秀的特質。

據說，范德比爾特准將在聽說這件事後，表示非常高興。他很讚賞孫子自力更生的精神，並因此修改了遺囑，增加留給小康內留斯的遺產。

一個人的不幸在於沒能得到發展其獨立個性的機會。一個被寵壞了的孩子，通常只會成長為默默無聞的人，因為他的家人剝奪了他得到鍛鍊的機會。

對孩子獨立性的培養，不亞於醫學院或法學院對一個準

28　小康內留斯‧范德比爾特（Cornelius Vanderbilt Ⅱ，西元 1843 ～ 1899），鐵路大亨范德比爾特的孫子。

29　康內留斯‧范德比爾特（Cornelius Vanderbilt，西元 1794 ～ 1877），美國鐵路大亨。

備當醫生或律師的學生的培養。同樣，一個年輕人如果生活在奢華嬌慣的環境裡，永遠也不可能成為妙手仁心的好醫生或能言善辯的好律師。

正如鐘錶的功能在於記錄時間，人活著的意義就是不斷追求。而只有透過不懈的努力和獨立自強，我們才能激發自己身上最大的潛力。

一個被寵壞的孩子通常很少跟外界接觸，整天被溺愛他的家人包圍著。他們長大後既怯懦又無能，而且狂妄自大。世上再也沒有比他們更叫人討厭的小可憐了。因為缺少父親的教導，又無償擁有父親辛苦賺來的錢，他們往往自命不凡，而他們的母親又只會不斷地滿足她們寶貝們的各種物質要求。身為旁觀者，我們真心希望這些孩子可以得到吉卜林[30]小說《勇敢的船長》裡主角一樣的海上經歷，從一艘遠洋輪船上失足落水，讓海洋沖去他們一部分的自以為是，再讓救他的漁民教會他們生活的艱辛吧！

和這些被寵壞的孩子相反，溫德爾・斯庫，一個以賣報為生的男孩，反而更有志氣。他賣了十二年的報紙，把賺到的錢存起來，湊夠了上大學的費用。

在那十二年的漫長歲月裡，不論是烈日當頭還是大雪紛飛，這個男孩都風雨無阻地站在費爾蒙特公園（坐落於美國

30　吉卜林 (Rudyard Kipling，西元 1865～1936)，英國小說家、詩人。

費城）33 號街道或里奇大道的門口賣報。終於，他給自己存下了 2,600 元，足以繳納賓夕法尼亞大學四年的所有學雜費。

如今，沒有毅力和勇氣的人只能任由強者擺布和利用，他們無法在社會昂首挺胸地做人。雖然這種現象違背民主，但現實就是如此，因為沒人可以代替你生活，也沒人能比你更了解自己的才能。

在我的手上有一封信，是一位年輕人寫給我的。他問我「怎樣才能獲得成功」。我認為，一個有抱負，目標明確的年輕人是不會向別人諮詢這個問題的。像林肯、格蘭特、格萊斯頓、迪斯雷利、愛迪生、沃納梅克、卡耐基、施瓦布等古今的偉人，都懂得力爭上游的道理。他們從來都不會問別人要如何獲得成功。

在這個快速發展的時代，沒有能力成為強者的人就只能甘當弱者。如果自己不去爭取，就更別想得到渴望已久的東西。遊手好閒、左右不定的人從來不知道自己想要什麼，他們一時一個想法，沒有一個堅定的目標，也因此無所作為。如果你想有所成就，就必須要下定決心，並付諸行動，發揮造物主賦予你的一切才華，利用一切所能利用的人際關係。

即使是阻撓你成功的障礙，也能成為你達到目標的工具。只要你相信自己，勇往直前，就能將敵人納為己用。

渴望、熱情、男子氣概、堅定的目標、果敢的個性以及

強烈的意志，都是你獲得成功的保障。沒人能助你一臂之力，告訴你應該在什麼時候、什麼地方和怎樣做。如果你對此仍心存希望，就只能跟隨河裡的死魚一起隨波逐流了。

要成功，就必須竭盡所能。即使我們的盔甲有破綻，我們也要有獲勝的信心。只要我們意志堅強，性格獨立，不害怕困難，不要動不動就尋求他人的幫助，我們就能利用手中的武器，贏得戰役。

拿破崙曾說：「上帝只眷顧最強大的軍隊。」從道義上說，這句話也不無正確，因為上帝是公平的，只有那些準備得最好，警惕性最高，最勇敢、目標最堅定的人才能得到青睞。

你站在一扇門前，埋怨沒有鑰匙怎麼開門。但其實這扇門是你自己關上的；你的幼稚，你的胸無大志，你的懶惰，你的怯懦，都是把門關上的罪魁禍首。在你等待別人來給你送鑰匙時，比你更勇敢、更堅毅的人早已想到辦法把門打開，不知道已經領先了你多少路程。力量的天平永遠只向信念堅定的人傾斜。

我還從沒碰到過一個嘴上說想成功就能立刻成功的人。只有不屈不撓、堅定不移向目標前行之人才有可能走到最前面。還有一些年輕人甚至可以為夢想獻身，他們不惜挑戰身體極限以收穫成功。這些人中就有一位盲人，居然立志當醫生，而且還做到了。他現在已經是醫學碩士的畢業生。

有兩個男孩，一個截去了一條腿，另一個完全失去下肢。儘管身體已經不再健全，他們並沒有放棄自己，仍然設法自己賺錢上大學。不幸雖然奪走了他們健全的身體卻無法奪走他們的勇氣和智慧。他們不但沒有成為親人的負擔，反而越挫越勇，向更大的目標前進。

很多身體健康的人認為自己的失敗是命中注定、非人力可以改變的。他們堅信無論自己怎樣努力都無法改變既定的事實。然而，前面所述的那兩個男孩卻告訴我們，勇氣絕對可以戰勝命運。只要有勇氣，就能創造奇蹟。

宿命論對信念堅定的人無法發揮絲毫作用。他們堅信命運只掌握在自己手中，只有自己才是人生的主宰。你有改變命運的力量，因為命運就是你一手造就的。人生這場戲該怎麼演，就得看你自己的編劇水準。如果你嚴於律己，不錯失任何良機，並把自己的優勢充分發揮出來，就不怕得不到完美的結局。

「要是我不用養家糊口，」一個不斷把失敗歸咎於環境的男人說道，「我肯定能夠征服世界。但我有家人要養啊！所以至今還一事無成。」而當他真當失去家人，擺脫家庭之累時，他又抱怨說：「如果我有家人，我還有奮鬥的目的。但是我現在連一個親人都沒有啊！叫我為誰努力呢？」

弱者總能為自己找到一籮筐的藉口。他們的人生道路就

好像豎滿了無數道不可逾越的高牆。然而對於強者而言，他們的字典裡就沒有不可逾越這個四個字。就算身患殘疾，四面臨敵，受盡欺凌嘲笑，他們也有信心克服所有困難，因為他們對成功的渴望已經超越了所有。

這種全力以赴以求最好的意志，就連上帝也會為之動容，從而准奏你從庸碌眾生中脫穎而出。

亞伯拉罕·林肯就是這樣的一個人。他下定了決心要在機會找上門來之前，先準備好自己。於是他便開始自學很多知識。他並沒有因為沒有上哈佛大學就比哈佛的學生差。如果他也向其他人一樣輕易就向困難低頭，就不會有今天的林肯，只會是芸芸眾生中的一個無名小卒，而他的記憶，也只會隨著時間的流逝而消失。但他沒有選擇屈服，而是堅信自己能夠成功，堅信自己不是自不量力。在他的字典裡就沒有「不可能」這三個字。對他而言，一切舉世公認為不可能的事總有一天都有可能實現，其中也包括奴隸制度的消除。

只有勇於挑戰「不可能」的人才有可能獲得成功。

歷史上的重大改革，起初都是被公認為不可能發生。如果大多數人都認為不可能的事便無人敢去挑戰，那麼人類很可能到現在還停留在原始時代。幸虧歷史上總有少數勇於跳出樊籠並帶領人類走向進步的偉人出現。

蒸汽機、煤油燈、電燈、電報、電話、電纜、飛機等所

有引領時代的發明，都是在一片嘲笑聲中出現的。而如今，我們擁有更開放的思想，逐步意識到人的潛力是無限的。「不可能」已經成為弱者的藉口。有膽識的人早已不再理會這些陳詞濫調。

透過奮鬥的人生才有可能進步。如果不努力克服困難，人生只會止步不前。亦步亦趨、毫無主見的年輕人永遠不會長大成熟。因為他們缺少自己的奮鬥，也缺少透過奮鬥得到的經驗和力量。

我們身邊有太多這種沒有人生目標、意志薄弱的年輕人。他們沒有勇氣和毅力去消滅擋在成功面前的障礙。他們毫無主見，任由別人安排他們的人生。他們四顧茫然，找不到生活的目標，也不作任何努力去尋找。

沒有人生目標的人就像沒有指南針的船，失去了方向，一生漂泊。只有在目標明確的時候，人才有義無反顧奮勇前行的方向。有所求才能有所得。

人不可能一生都做浮萍，依靠別人的判斷選擇方向。那樣的人永遠無法自力更生，擁有自己的判斷力和社會經驗。隨風漂泊就好比敞開自己的錢包讓人隨意拿錢。如果是這樣，你的人生已經無力承受再一次的錯失機會。

一個人如果沒有人生目標以及實現目標的決心，就不是真正活著，而只是存在著。因為沒有目標的人生便沒有盼

望，沒有努力的對象。只有為夢想奮鬥的人才能獲得生存的價值以及社會的尊重。

沒有值得為之奮鬥的目標，便無法擁有圓滿的人生，就好像沒有哈姆雷特，莎士比亞的文學成就也會有所缺陷。有了目標，我們的人生才有意義。如果我們不是為了實現上帝賦予的使命，把上帝的意願傳達人間，我們便沒有降落人世的意義。

我們必須義無反顧地投身事業，提升自己的社會地位，不惜一切奮勇向上。否則，我們只能屈居人下，隨波逐流。能幫助我們走出失敗的唯有遠大的理想和堅定的決心。只要我們有實現目標的堅定信念，無論遇到多少失敗，環境多麼惡劣，我們都不會放棄努力。

獲得成功還有一個非常重要因素 —— 健康，那也是我們不能忽視的，因為如果沒有健康的身體，我們便無力承受各式各樣的挫折、打擊，從而順利度過人生的低谷。身體是成功的本錢。一個身體虛弱，腸胃不好，患有貧血病的人怎麼還有力氣為夢想奮鬥呢？

失去肉體上的健康和失去精神上的意志一樣可悲。只有身強體魄，意志堅定的人才能出色完成上帝賦予的使命。

第十一章
做一個正直的人

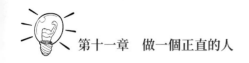

最近一份調查顯示，報紙上登出的廣告百分之八十八是真實廣告，而剩下的百分之十二則涉嫌參雜虛假成分。「如果沒有這百分之十二的虛假廣告，」一位廣告業專家表示，「報社將接到更多的廣告訂單。而報紙廣告的整體水準也會相對提升。高品質的廣告能給予大眾更多的信心。到那時，報紙上印的廣告就會像在銀幣或紙鈔上印的關防一樣真實可信了。」

為人之道，且不論對錯，都不能違背誠信的原則。無論是辦報，做生意，還是與人交往，人都應該以誠實的態度應對。世上沒有什麼比誠實做人更為重要的。如果能做到以誠信立人，你便已成功了一半。

當今世界，每天都上演著欺詐，每天都有騙人的壞蛋粉墨登場。正因為正直的人太少，在今日的商界，誠信才會顯得如此重要。歷史上從來沒有哪一個時期會如此看重誠實的特質，而未來也只會愈加重視。如今的商界，誠信的意義太大，全世界的商人都希望和有信譽的人做生意。

然而很多年輕人卻輕視人格的力量，就像低估國家首都的作用一樣。他們更注重自己是否夠聰明，夠精打細算，是否夠深謀遠慮，夠機靈，對別人是否有影響力，或者目標是否夠遠大。而對於自己是否誠實正直，他們並不在意。

曾幾何時，在某些地方，最精明刻薄、最狡猾的人可以

賺到最多的錢。然而今天恰恰相反，因為現在人們對誠信的崇尚程度，是史無前例的。

最近我正在煩惱，是不是該委以那位年輕人如此重要的職位。他雖然只有一些小小的問題，但我還是不大放心，於是給他以前的雇主打了個電話，向他詢問對這個為他工作多年的年輕人的看法。結果他的評價只有一句：「他真是一個好人，除此之外我不知道還有什麼更恰當的評語。」

知道這點對我而言足矣。這樣的話出自我那位謹慎穩妥的朋友也就說明了一切。他給予了那位年輕人最高的讚賞和肯定啊！那麼，這位年輕人一定是位誠實可靠的人，任何時候你都可以委任他任何任務。他不僅忠誠，而且有可靠的判斷力，不會做出任何愚蠢的事情或給公司帶來損失。誰聘用了他，都不用擔心他的信譽，擔心自己不在時公司會有所落後，因為他會幫你看好公司，保住公司的名譽，抓住任何對公司發展有利的機會。這樣的人會是一個精力充沛，不知疲倦，與公司共進退的好員工。

一個年輕人如果建立了正直、誠實、真誠的聲譽，讓所有認識他的人都信任他，毫不懷疑他做事的動機，那麼他也就為自己的人生開了一個很好的頭，剩下的路也會相對順暢得多。

當今社會，做生意很大程度都要依靠信譽。銀行是否願意借錢給你，批發商是否讓你賒帳，依據的都是你的信譽。

這個人可靠嗎？他說的話可信嗎？他會履行承諾嗎？所有這些問題，都是在考量對方的信譽。

一位著名的銀行家曾說：「超過百萬的借貸一定要看借貸者的人品。有的人雖然窮，但只要他們品格高尚，絕不會去借自己無力償還的款額。」

另一位銀行家也聲稱，他寧願借錢給那些誠實的窮人，也不要借給那些有錢的騙子。

我認識兩位商人，他們雖然沒有殷實的家底，但因為信譽好，銀行都願意貸款給他們。他們當時雖然資產不多，卻憑藉自己在人品和能力上的聲譽貸到超過百萬的款項。他們為人誠實可靠，工作廢寢忘食。良好的聲譽對他們而言是價值連城啊！

前哈佛校長艾略特[31]也說：「必須重視同代人對你的評價。儘管這些評價部分來自和你從未說過一句話的陌生人，部分來自你認為不可能認識你的同校同學，也有部分來自對你只有些微印象的點頭之交，但無論如何都無法避免他們對你品頭論足。」

內戰期間，李將軍正和他的一個官員商量軍隊的去處，被一個農民的兒子聽見了。在李將軍決定行軍到蓋茨堡而不

31　查爾斯・威廉・艾略特（Charles William Eliot，西元 1834 ～ 1926），美國哈佛大學任期最長的校長。

是哈里斯堡時，這個機靈的男孩馬上發電報跟總督科廷彙報。科廷無法判斷男孩的電報是否屬實，於是感嘆說：「只要能知道這個男孩是否在撒謊，我願意獻出我的右手。」他的下士聽說後進言道：「長官，我認識這個男孩。他絕不會撒謊的。他身上流淌的每一滴血都是正直誠實的。」十五分鐘過後，聯合軍隊便往蓋茨堡進軍了，接下來的故事也就不用我說了吧！

清白的背景和誠實正直的聲譽都是一個年輕人事業上的最好幫手。沒有什麼會比真相更能證明一個人的品格。只要你能在事業上堅持誠信的原則，做到一言九鼎，就算有損自己眼前利益也絕不撒謊，那麼你已經獲得了很大的成功，因為真相遲早會讓世人看到你高尚的人格。

亞伯拉罕・林肯年輕時非常貧窮，雖然身為律師，卻不願意為了錢幫罪人打官司。「我不想做違背良心的事，」林肯回憶道，「如果我做了，那麼我在面對陪審團的時候，肯定會禁不住地想『林肯你這個騙子，你在撒謊！』而且我相信很快我就會忍受不住大聲講出來的。」

林肯的誠實為他贏得一個暱稱，「誠實的亞伯」，也最終助他選上了美國總統。所有認識他的人都相信他，知道他是個有思想，認真負責，絕對誠實正直的人，沒有什麼能夠動搖他的這些特質。人們堅信他是誠實的，也因此真心實意地支持他。人們對他充滿了難以動搖的信心。

第十一章　做一個正直的人

真相自然會讓別人相信你，因為真相是上帝的聲音。一個人在說出真相時不會參雜多少個人私利，因為真相永遠只有一個。對於傳達上帝之音的人，我們本能地感到其背後的神聖光芒。

為什麼有的人演講，每個人都會去聽，並且點頭稱是？他說的話為什麼就比其他人的有分量？歸根到底，人們是首先相信演講者的為人其次才會相信他的演講。其他人也許會在同個地方做同樣的演講，但大眾聽過之後卻像水濺到鴨背上，忘得一乾二淨。為什麼會這樣呢？原因就在於說話人本身沒有聲望，不值得人們信任，更何況是他說的話呢。

很多卓越的演說家去任何國家演講都能牢牢抓住聽眾的心，然而同樣的話換給其他人來說，卻不能引起任何反響。那是因為他們缺少能讓大眾的信賴的高尚人格，又怎能叫別人相信他們的話。

很多時候，一個人的人品，醫師的醫德，商人的誠信和律師的正直才是最有分量的。

不久前，我問過一位商人，信託公司要以什麼原則經營。他的回答是：「看錢說話，不可輕易相信人。」那就是說，世上最難求的，便是誠實可信之人。

當今社會的最大問題，就是創造了財富，卻失去了誠信。

很多人儘管家財萬貫，但和他們的財產相比，他們的社會地位卻顯得很平庸。認識他們的人私底下都不怎麼尊重他們，因為他們人品和道德甚至比不上底下的員工。他們在社會上的地位，都是靠金錢堆砌起來的。

犧牲人格換取財富的做法十分可悲。當今世界最叫人鄙視的莫過於捨棄誠實，道德甚至靈魂以換取一疊疊的鈔票。

賺錢無可厚非，世俗的我們都需要錢，誰都渴望錢。然而用犧牲人格的辦法來賺錢卻不可取，因為那是可以毀你一生的重大錯誤。

「身為商人他很成功，但是身為人他就太失敗了。」「他是一個出色的醫生（或律師，或金融家），但同時也是一個差勁的人。」類似這樣的評語我們還聽得不夠多嗎？

許多百萬富翁的最大問題，就是在他們成為銀行總裁，公司董事長，或者大財閥前，沒有先做好人的本分。他們雖然很有錢，但在人格上卻是乞丐。他們無論生前活得多麼風光，死後不出幾年都會被人忘得一乾二淨。他們無法影響他們的活著的那個時代，無法在歷史上留下腳印，無法成為鼓勵後人前進的榜樣。

聲望可以為我們贏得別人的愛與信心，這是金錢和投機取巧都買不到的。要想贏得別人的尊重，不能拿鈔票當籌碼，只能依靠自己人格上的魅力。

第十一章　做一個正直的人

　　你只要隨意列出幾個真正的偉人，都可以發現他們身上的傲骨。他們不但氣概非凡，而且毅力驚人。他們無論從事何種行業，都把道德放在第一位。他們認為道德比賺錢，事業甚至生命都要神聖。你只要能和他們聊上幾句，就能確定他們是無法用金錢買通的。你心裡清楚，賄賂或施加影響對他們毫無用處。他們堅守原則，就像直布羅陀岩一樣堅定不移。只有這樣的人才會是人類文明前進的推動力。

　　約翰·漢考克[32]便是其中之一。在美國獨立戰爭期間，毫不猶豫地簽下一份將傾家蕩產的合約。因為在他心裡，公共利益永遠大於個人利益。

　　縱觀世界，一些高尚之偉人為了維護道德、維護真理奉獻出了自己的一切，甚至於生命。他們欣然赴死，坦然地走向火刑場，登上絞架臺。然而，歷史是公正的，只有誠實對待歷史之人，才能流芳百世。任何謊言、陰謀、勾當都無法蒙蔽歷史的法眼，只有堅持正道之人才能最終獲勝。人類漫長的歷史告誡我們，聰明、計謀以及詭計都敵不過誠實，打不贏正直。

　　馬歇爾·菲爾德[33]在芝加哥的一場大火中傾家蕩產，他店裡的一切都在瞬間化為灰燼。然而，就在菲爾德山窮水盡

32　約翰·漢考克（John Hancock，西元 1737 ～ 1793），美國商人、政治家、愛國主義者。

33　馬歇爾·菲爾德（Marshall Field，西元 1834 ～ 1906），馬歇爾·菲爾德百貨的創辦人。

之時，東部的銀行卻發來電報，表示願意幫助他重新起家，需要多少資金銀行都願意相借。這場大火儘管燒毀了整個芝加哥，卻燒不毀菲爾德的信譽，因為他的名字，早已等同於誠信。

菲爾德年輕時非常貧窮，他出身農民家庭，僅憑靠誠實守信白手起家，並最終創建了世上最偉大的連鎖百貨商店。他合法經營，童叟無欺，從不使用任何卑劣的手段賺錢。他不沾染任何違法貿易，拒絕走快速致富的捷徑。他的志向是要開一家不欺瞞消費者、誠實守信、以薄利多銷盈利的商店。他也不允許員工為了銷售產品誇大或隱瞞事實。他曾經解僱了一名為促成交易而誤導顧客的員工。不管這筆交易能為公司帶來多大的經濟利益，只要是違背原則，他都絕不允許。

菲爾德這樣做是因為他知道，一時的欺騙雖然能給眼前帶來利益，但從公司的長遠發展來看，則是樹立了一個永久的敵人。聲譽的損失對公司的發展是致命的。

所以馬歇爾·菲爾德百貨商店才會如此受歡迎啊！因為大家知道，在馬歇爾·菲爾德那裡，不存在有失公正的交易。他們相信，即使那裡的員工欺騙了他們，或者商品出現了什麼問題，菲爾德都會還他們一個公道。這便是著名的馬歇爾·菲爾德行銷策略。

　　只要我們真心待友，誠實做人，認真工作，不對別人心存不良，就算我們平時有點小缺點，也能得到諒解。沒能多才多藝的我們，即使生活平淡，但只要誠實正直，也能收穫成功。因為正直的人品會幫你得到心靈的平和，社會的認可，而沒有這些，成功只能是幻想。

　　然而，把誠實當做達到目的的手段，則不是什麼高尚的行為，而只是消極的做法，就像那些害怕背負騙子的罵名而不做壞事的人，他們並不是真正誠實之人。

　　僅僅不做壞事的人只是懦夫，勇敢者是會用行動維護正義的。只能做到自己不做壞事但不去伸張正義的人，永遠也無法得到人格的提升。

　　有的人也許從來不會路見不平拔刀相助，但他們也從來沒有做過傷天害理的壞事。他們循規蹈矩，偶爾做點不惹麻煩、舉手之勞的善事。這些因為膽小怕事才不做壞事的人，終其一生都不可能做出一件真正無私、出自正義的好事。他只會甘於埋沒才華，像看主子臉色行事的僕人一樣活著。

　　曾有一名記者寫信跟我說道：「有些牧師心地善良，但是一無是處。他們嚴格遵循道德書上列出來的條條框框，告誡世人不要做這個不要做那個。然而，他們甚至對他們所在的社區都毫無影響力。」世人需要的不是聖經上的教條，而是實際的行動。

我們經常可以聽到一些父母誇耀自己的乖寶貝一不吸菸，二不喝酒，三不說髒話，四不揮霍……一句話，他們跟世上所有的好孩子一樣不敢越矩。這些男孩不沾染任何不良習慣，是因為不想挨大人訓，他們雖然很乖，但卻沒有個性。

　　很多沒有任何壞習慣的人，卻無法有所成就。他們枯燥無趣，說話沒有分量。他們去到哪裡都無法給人留下深刻印象。

　　凡是道德高尚之人，背後必有強悍的人格力量。這種力量，只有在發自真心的不斷行善中才能得到鍛鍊，而僅僅管好自己不做壞事的人，只能繼續庸碌度日。我們需要的是拔刀相助的正義，而不是在背後譴責壞人的正義。沒有膽量的人即使為人正直，也只是唯諾之人。

　　沒有財富的男人就只能依靠自己的人格魅力建立聲望。他即使聰明過人，也只有在向人證明自己是誠實可靠、堅守原則、有種為真理和正義說話，並且做事優先考慮對錯而不是輸贏的人時，才能得到別人的信任與敬仰。

　　年輕人在剛剛開始事業時，最寶貴的東西不是巨額的遺產，而是清白的紀錄以及無可指摘的人品。當你回望過去時，最值得慶幸的莫過於自己的歷史沒有出現絲毫授人以柄的汙點。

　　在挪威，人們常常把救世主稱為「善良的耶穌」。當朗費羅[34]訪問該國時，憑著自己的真誠、誠實以及正直，深受挪威百姓的愛戴。他們甚至親切地稱他為「善良的朗費羅」。

　　試問，世上還有什麼比被人當做再世耶穌更大的成功嗎？

34　朗費羅（Henry Wadsworth Longfellow，西元 1807 ～ 1882），19 世紀美國最偉大的浪漫主義詩人之一。

第十二章
迎難而上

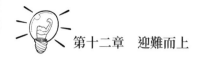 第十二章 迎難而上

「最先完成最困難的工作」是一位成功商人的座右銘。他告訴我說，就是這麼簡短的一句話改變了他的一生。「一天，我突然發現，自己養成了把所有困難都累積到最後才面對的習慣。久而久之，無論我做什麼事情都感到不順利。於是，我給自己立了這條座右銘，放到抬頭可見之處，並每天在它的鞭笞下工作。第一天的時候，我把自己最早擱下的問題拿了出來，馬上著手解決掉。當時的我貪圖一時輕鬆，先去處理那些更為容易和有趣的工作，導致難題越積越多。在我終於清理完這些工作上的攔路虎後，便下定決心，每天早上都必須先應付一天之中最難的工作。就這樣我在每天精力最旺盛的時候處理最棘手的問題。漸漸地，那些曾經高如大山的難題竟也變得渺小了。我非常慶幸當初能夠及時糾正那個壞習慣，並養成遇到難題及時解決的好習慣，否則我也不會獲得如此成功。」

很多人之所以會失敗，是因為他們不願意迎難而上。他們總先做自己喜歡的事情並且專挑容易的做，至於那些難以解決的問題就老拖到最後不得已時才去處理。於是，他們在做其他事情的同時，心裡卻在為那些將來不得不解決的問題焦慮。他們沒有意識到最麻煩的工作其實才是最耗費精力的，並且能直接影響一個人的工作效率。如果一個人心裡老想著自己還有更麻煩的工作沒有完成，他只會越發的暴躁乖

張，而且思想也會愈加遲鈍。

如果一支軍隊的士兵打小就不願吃苦，一遇到艱難的任務便退縮，那麼這支軍隊只能是一支失敗的軍隊。對於軍人而言，逃避體能鍛鍊，不經常進行操練是愚蠢的。一個人的成長需要鍛鍊，需要汗水，需要實踐。最近的研究也分析說，經驗是一個人能擁有的唯一財富。

先做最難的工作並不是要你特意把最難的工作挑出來做，而是說在應該面對困難的時候不要逃避。我們每推遲一個小時，迎接困難的勇氣就會減少一分。

人如果總先處理容易的事情，而把困難都擱置一邊，就像是走在人生路上只採摘鮮花而逃避所有荊棘，久而久之，當面對不得不斬斷的荊棘時，因為早已丟棄了磨練自己勇氣和力量的機會，變得手足無措，進退兩難。

就在不久前，一位很有名的公眾人物因為沒能履行曾經許下的承諾遭到了媒體的撻伐。他一遇到困難就退縮，完全沒有勇氣去執行他自己也認為是正確的事情，而且還是向大眾承諾過的事。世上就是充斥了太多這樣的人，他們的腰板比海蜇還軟，無法挺立起來去迎接困難，履行責任。然而，這樣的人反而喜歡在聚光燈下慷慨陳詞，輕易承諾。到了履行承諾的時候，他們則四處討好，唯唯諾諾，只敢處理一些麻煩最少、花錢最省的事情，全然不顧及後果。他們以為輕

第十二章　迎難而上

易許下的承諾便可輕易打破。孰不知，公平的命運女神隨時都準備著將不守遊戲規則的人踢出歷史的舞臺。

　　我就認識這樣一個人，他不幸養成一種習慣：看別人的眼色行事。只要能討好對方，不論對錯，他都點頭稱是。結果這個人變得毫無個性。他雖然隨和，但卻死氣沉沉、沒有活力，並且一生無所成就。他的人生雖然忙碌，但卻毫無意義。他沒有主見，做任何事情都跟隨主流。我在他還是學生的時候就認識他，他到現在是一點進步都沒有。學生時代的他就害怕困難，從不面對，直到現在竟然還是如此。長大成人以後，他因為其軟弱的性格無法在社會上建立地位，而人們遇到問題時也都不會想向他尋求幫助。

　　你們也許會問，為什麼那麼多有抱負、有理想的人竟不敢迎難而上，接受磨練，勇往直前呢？那是因為他們不願意付出，不敢為自己爭取。

　　我們都知道，一個立志要竭盡所有，爬上人生之梯最頂端的年輕人是不會害怕困難的。他會嘗試一切，接受磨礪，把握時機，只要能幫助他成就事業，他都在所不辭。然而，此類意志堅定的年輕人卻很少見，大多數都是那種生病了都害怕喝藥的年輕人，他們因為怕苦，儘管知道良藥苦口，還是拒絕嘗試。

　　在今天，想要成長，想要強大，想要得到鍛鍊，變得堅

170

強有魄力，就必須毫不猶豫地把苦藥灌下。只要你一口氣喝完，就會發現苦藥也並非如此難咽。

世事的成敗取決於你面對困難的態度。一開始便退縮的人，是注定要失敗的，因為他們自己都看輕自己。世上沒有無法解決的問題，只是你的想像力總是先入為主地把困難擴大化。問問自己眼前的事業是否值得為之奮鬥。如果是有助於你成長，能讓你變得更加堅強、優秀的事業，就毫不猶豫地投身奮鬥吧！

很多人之所以軟弱，是因為他們不願意捲入任何麻煩事。他們總在未捲入之前便開始焦慮不安。他們的意志過於薄弱，腰板甚至比海蜇還軟。

有多少人因為害怕一時的疼痛而不敢去醫院拔牙，從而不得不忍受多年的牙痛困擾！他們當然知道只需忍受幾秒鐘的疼痛，便能輕鬆一輩子，但仍然無法鼓起勇氣去主動承受這短暫的痛楚，而是一拖再拖，長年累月地受罪。

又有多少人因為沒有及時做手術付出了生命的代價！等到敗血症或其他併發症發生時，他們再想做手術都沒有用處了。很多人就是因為今天不敢截掉一根手指，從而導致五年後必須切除整條胳膊。逃避一時的痛楚有可能會帶來終生之痛啊！

因為害怕面對困難，我們一拖再拖，時間越久，心理負擔越重。直到最後，還有可能完成的任務也都變得難於上青

天了。

內心充滿愧疚與焦慮的人恐怕也沒有心情去享受任何假期，他們只會不斷地想起那些堆積如山、難以完成的工作，同時不斷地責備自己沒有及時地把工作完成。

總是可憐、縱容自己，一遇到難題便給自己找藉口逃避的人無論走到哪裡都無法對別人施加影響力。想要獲得成功，就必須像要求孩子一樣嚴格要求自己。儘管碰到自己討厭的工作，也要逼著自己去完成，直到喜歡為止。只有在真正生病的時候，才能允許自己放下手頭上的工作去休息養病。

從小便養成迎難而上的習慣對我們來說是一件好事。只要在克服困難後我們能向目標邁進一步，收穫成長，我們就應該竭盡所能，迎難而上。

很多人都渴望健康，因為他們知道健康是快樂的前提。然而，他們卻不願意為了健康克制自己的口腹之欲，堅持健康的飲食，培養健康的生活習慣。他們嫌鍛鍊身體麻煩，寧願去做自己喜歡的事情，比如吃零食，喝飲料。只要食物美味，他們不管對身體有無害處。這些人於是一生疾病纏身，總是羨慕別人的健康，孰不知只要他們願意鍛鍊身體注意飲食，也同樣可以擁有健康、充滿活力的體魄。

無數沒有機會接受教育的年輕人，本可透過他們自身的努力爭取到機會，但是他們卻不願意放棄整天和朋友出去玩

樂的那一點點樂趣。如果有捷徑，花錢就可以買到學位，他們現在興許已經在學校念書了。但如果要他們透過正規的考試、申請，才能獲得受教育的機會，他們卻立刻知難而退。求學之路注定是寂寞且艱辛的，然而他們不願意忍受那種痛苦，只想享受當下的自由自在。

他們雖然知道艱辛的求學、生活的磨礪有利於他們將來的發展，但仍然無法捨棄當下舒服快樂的生活，不願為了接受高等教育而犧牲享樂。他們從來不會自覺努力，總想盡辦法要得到別人的幫助。他們沒有正確地對待人生，拒絕磨練，無法成長為社會所需要的人才。

現在有太多的人不願意透過踏實努力的工作獲取成功。他們猶豫不決、拖拖拉拉、徘徊不前。而那些自覺為了獲得教育、提升自我而不懈努力、接受磨練、堅守原則的年輕人，卻變得少之又少。

大部分的人都既自私又懶惰，他們不想放棄舒服快樂的生活，寧願得個倒數第一，也不想多吃一點苦。這樣的人永遠無法成為人上人。

如果當初在決定是否要建造一條橫貫美國的鐵路時，工程師們都被阻擋在面前的美國大沙漠、鹼性平原、洛磯山脈以及內華達山脈所嚇倒，我們今天會有中央太平洋鐵路嗎？負責此項偉大之舉的工程師必須要有挑戰自然的勇氣，勇於

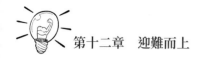

征服尼亞加拉河、密西西比河以及洛磯山脈。

　　成功的工程師一定要勇於征服冬天的阿爾卑斯山。他必須要有能在任何山脈中開通隧道，在任何大川上架起橋梁的自信。而眾多的失敗者，則聚集在河岸邊望洋興嘆，或是聚首在山腳下仰天長息。

　　很多人即使步入了晚年，仍然離目標十萬八千里，歸其原因是因為他們沒有走最短的直線。他們彎來繞去，一遇到阻礙又另擇道路，孰不知那些遇到河流就架橋，遇到高山就挖隧道的人反而能夠更快地到達終點。

　　勇敢、強勢、精力充沛如鐵路工程師一樣之人，總能直奔目標，橫掃障礙。而膽小、懦弱、軟骨頭的人則貪圖安逸，知難而退。他們一碰釘子就另擇順暢大道，直到老死都無法到達最終的目的地。

　　不滿足已得成就的人會下定決心迫使自己在一個月內做一些自己不喜歡但對事業有幫助的工作。只要能夠有所突破，從而通往更高的目標，他們就願意為之受苦受累。痛苦的洗禮過後，便能如沐春風，獲得新生。

　　成功人士極少談論困難，他們的眼裡只有目標。他們毫不在意通往目標的道路是否坎坷，因為無論遇到怎樣的障礙，他們都會毫不猶豫地直接清除。

「拖延處理困難就等於增加困難的難度，附加一顆備受煎熬的心。」

當人們問亨利・沃德・比徹[35]如何做到以最小的代價獲取最大的成功時，比徹回答道：「絕不做重複的工作。」

很多人總把過多的時間花在無用的臆測以及焦慮上。他們在困難來臨之前就已經耗費了大部分的精力去反覆揣度結果，去害怕失敗，以為這樣就可以做好迎接困難的準備。

愛荷華州克里夫蘭市有一家工廠，在每個時鐘下面都貼著一句話：「今日事今日畢！」就這麼一句簡單的話，可以為世界掃清多少麻煩事啊！如果人人都能以此為座右銘，世上將增添多少好事，減少多少瀕臨破產的企業，產生多少美術作品，以及創造出多少好故事啊！拖延棘手的問題是很多不必要的痛苦之根源。這些擱下未做之事只會給我們倍添煩惱，加重心理負擔，從而無法享受完成其他任務所帶來的滿足感。立即解決的困難會比我們預測的要輕鬆得多，而且成功把問題解決的成就感通常可以抵消掉我們為此所付出的艱辛。

為不測做準備的立意是好的，然而大部分人都只說不做。很多人在房子著火時才說「我正準備買保險……」；把牛、馬弄丟了才說「我正準備修柵欄……」；看到股票漲停時才說「我正準備買這張股……」；帳單過期了才說「我正準備

35　亨利・沃德・比徹（Henry Ward Beecher，西元 1813 ～ 1887），美國牧師、雄辯家。

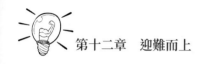

去結清⋯⋯」；鄰居去世了才說「我正準備去幫忙⋯⋯」；朋友病故了才說「我正準備去探望⋯⋯」他們花了一生的時間去「準備要做什麼」，但事實上卻是什麼都沒有開始。

平坦無阻的路當然好走，但如果人總是挑容易的事情做，逃避責任，避免困難，那麼他永遠也不會有所成就。

安逸的生活就像鴉片、毒品、酒精，不斷地消磨你的意志直至讓你上癮。如果你無法克服惰性，那麼你也永遠別想擺脫平庸甚至失敗的人生。

事業有成的人不會因為心情不好就不去工作，他們有很強的自制能力。只要是有益的事情，無論遇到什麼情況，他都會盡力完成。

如果我剛剛開始人生，並渴望獲得成功，就一定會為自己的成長付出汗水。儘管是自己不喜歡、不認同甚至會給自己帶來麻煩的工作，只要有助於我的成長，讓我變得更強大，我都願意嘗試。獲得成長的沃土就是我的目標，為此我願意犧牲一切，包括舒適、娛樂、甚至快樂。

在我年輕的時候，如果有人請我為學校聚會、辯論俱樂部或政治集會發表演講，我一定毫不猶豫地答應，因為這是鍛鍊自己的一次寶貴機會，我絕不能讓它白白溜走。可惜很多年輕人都一定會輕易拒絕，因為他們害怕在大眾面前發表演講，害怕自己如果講得不好會很沒面子。他們安慰自己將

來這種機會多得是，等到下次機會來了再嘗試也不遲。可是等到第二次機會到來時，他們仍舊不敢上臺，就這樣一次又一次地把鍛鍊自己的機會拒之門外。

面對機會、突發事件、危險或者責任時，不要猶豫，不要退縮，也不要輕率處理。那些總是猶豫不決的人在心理學上我們稱之為偏執狂。假如你的皮膚已經顯示你患有麻風病或某種程度的壞疽，你難道不會馬上想辦法治療嗎？同樣，如果你發現自己有舉棋不定的缺點，就應該馬上糾正之，要把每個壞習慣都看作是自己得了鼠疫斑一樣緊急。久而久之，你就會養成「今日事今日畢」的習慣。馬上行動吧！要知道瞻前顧後的習慣毀了多少人的前途。

當事情變得不可避免才動手處理的人沒有什麼值得誇耀之處，就連小老鼠被逼到牆角也會奮起反抗。恐懼只屬於弱者，而英雄是永遠都不會因為害怕而退縮的。因為他們深知，任何的爭鬥最終都只能產生一個勝利者。

日常生活的鬥爭一點也不比戰場上的遜色。而且，載入史冊的英雄，更多是來自日常生活中的勝利者，而不是戰場上的英雄。

遇到困難便退縮的人，在戰爭還未打響前就已經把自己打敗。這種性格的人注定無法成為強勢，注定不是當主管的料。他們永遠只能服從別人的領導。

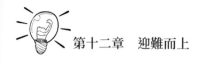

　　如果你正準備開創你的事業，就不要被阻擋在你面前的障礙所嚇倒。這些障礙遠遠看去好像高大無比，但實際上只要你再靠近一點，就會發現它們同樣也縮小一點。對自己要有信心，勇敢地向前走，道路就將越走越順暢。多讀些偉人的奮鬥故事吧！你會發現自己所處的環境要比他們好幾百倍。只要你昂首挺胸，就能讓高山也變得渺小。

　　透過望遠鏡的物鏡看你的目標，然後再調過來頭看阻擋在目標之前的障礙吧！你將會看到目標之大，障礙之小。就像這樣增強自信吧！只要把目標放大困難縮小，你便能勇氣倍增，更快地到達彼岸。

第十三章
學會控制情緒

赫伯特‧史賓賽[36] 說：「君子之道，克己為首。」

一個人如果情緒失控，有可能會拖累其家人、鄰居、生活所在的社區甚至一個國家。最壞的結果甚至會把所有人都推向不幸的懸崖。歷史已經給予我們太多的教訓，許多能力超群，胸懷大志的人就是這樣把自己的美好前程斷送。

世界的每一個角落，每一天，都有報紙在報導，某某悲劇的發生源於某人無法控制自己憤怒或嫉妒的情緒。

到教養所走一趟吧！問問那裡關押的罪犯一時的情緒失控讓他們付出了怎樣的代價。這些不幸的人就是為了那瞬間的憤怒失去了終生的自由！那致命的一拳，那無情的一槍，毀掉他們的一生，讓他們無法回頭。

我們都知道，一旦頭腦發熱，就很難再控制住自己的言行。但我們同時也很清楚，放任自己成為情緒的奴隸有多麼危險，後果也將不堪設想。不僅自身的性格塑造要受到影響，工作效率也會有所降低。而且，無法給自己做主對於人類而言，是怎樣的恥辱啊！

孩童從生活經驗中學會不該去觸碰燙手的物體，因為那會灼傷皮膚；不能去玩尖利的東西，因為那會割傷他們。然

36　赫伯特‧史賓賽 (Herbert Spencer，西元 1820–1903)，英國哲學家，社會達爾文主義之父，提出把進化論中的適者生存應用在社會學尤其是教育及階級鬥爭上。但是，他的著作對很多課題都有貢獻，包括規範、形而上學、宗教、政治、修辭、生物和心理學等等。

而，成年人卻總學不會應該對壞脾氣敬而遠之，非要爆發一時的情緒，說出一些永遠都收不回來的惡言惡語。

無法自我克制的人就像沒帶指南針的水手，隨風漂泊，無法自主。一場情緒的風暴，一波任性的想法，便能將之隨意擺弄，駛離航道，再也難以到達目的地，實現自己的理想。

「證明給我看吧！」奧利芬特夫人[37]說道，「如果你懂得克制自己，那麼我就承認你是受過教育的文明人。否則，就算你受過再好的教育，也都只是白白浪費了。」

一位非常出色的學者兼大學教授就是最好的例子，他因為沒能控制好一時的憤怒從而鋃鐺入獄。他的所有學識、所有關於人類品行以及尊嚴的理論，都在這一時的衝動之下灰飛煙滅。

這是何等的恥辱啊！無論是對這位教授，還是對所有無法控制自己情緒的人，他們竟在瞬間無法證明自己是一個文明人，而是任由情緒的惡魔擺布，失去對自己言行的控制。

幸運的是，這名大學教授從此次慘痛的經歷中吸取了教訓，最終改過自新，戰勝了隱藏在他性格中的這個致命弱點。

37　瑪格麗特・奧利芬特（Margaret Oliphant，西元 1828～1897），蘇格蘭小說家。

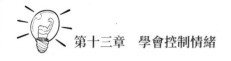

　　刑滿獲釋後，他重返講壇。他的學生以為這位脾氣暴躁的教授肯定會對此不幸憤慨抱怨一番，於是紛紛跑去聽他的課。然而，教授只是拿起課本，繼續他被捕時應該上的課。在監獄生活的悲慘歲月裡，他有了足夠的時間去反思，也因此上了人生最重要的一課，那就是必須學會自我克制。

　　懂得克制自己，理性處事，哪怕受到最大的誘惑也能不為所動便是巨大的成功。每個人身上都有弱點，當我們舉起護盾防衛自己時，敵人的利劍隨時可能從這個軟肋下手。只有控制好盾牌，不讓敵人有可乘之機，我們才能獲得勝利。反之，則隨時可能招致失敗。

　　只有懂得克己，懂得控制情緒，甚至有能力掌控環境的人才是真正的強者。

　　彌爾頓[38] 曾說：「懂得克制自己，不為情緒、欲望以及恐懼所動之人，比國王還要強大。」

　　想想看吧！如果你擁有如此完美的自制能力，就不會在危險面前顫慄，面對誘惑也能無動於衷，甚至連貧窮的骷髏魔杖也無法讓你退卻。任何的審判和困難都無法動搖你心中的寧靜。你就像上帝之子耶穌一樣，鎮定自若地穿越人生的風風雨雨。

38　約翰·彌爾頓 (John Milton，西元 1608 ～ 1674)，英國詩人，資產階級革命家、政治家。
　　代表詩作：《失樂園》、《復樂園》和《力士參孫》。

如何才能獲得這般平和的心境、非凡的自制能力呢？其實方法很簡單，端正好思想便能控制住自己。你只要學會利用思想的力量，自我控制便不成問題，心理和生理上的小惡魔都會喪膽而逃。這時的你儘管頭腦發熱也會有所警覺，知道亂發脾氣只會火上添油，只有冷靜思想，才能慢慢地把火澆熄。

　　如果你實在無法控制自己，受到些微刺激便火冒三丈，有一點點煩擾就暴跳如雷，千萬不要浪費時間去為自己的缺點懊惱，或者到處跟人道歉說自己實在情難自禁。採取另一種對策去改正吧！首先不再跟任何人提起這個缺點。然後效仿莎士比亞所說的，「假裝擁有自己所缺乏的美德。」先在心裡塑造出你認為的理想人格，然後效仿之，裝作自己就是一位冷靜沉著的紳士。一旦脾氣上來了，則不斷暗示自己真正的紳士是不會為一點小事就發火或緊張的，因為那樣有失風度，而紳士的自制力可是很強的。久而久之，你就會驚喜地發現，自己竟真變成了一位風度翩翩的紳士。其實我們所有人都可以成為自己理想中的人物，只要我們運用思想的力量。

　　缺乏自制能力的人經常狡辯說自己就是忍不住要把脾氣發出來，這就好像聽到一個把錢弄丟的人很無辜地解釋說自己不會縫口袋所以無法阻止錢財損失。世上只有願意付出努力去爭取的人才有可能成功，因為成功不是輕易可得的，而我們在通往成功的路上遇到的最大敵人就是我們自己，我們

的脾氣和欲望。只要有戰勝自身弱點的信心，加以持之以恆的努力，人人都能不被自己所打敗。

我們常常不夠執著，屈服於善變的想法，並最終放棄堅持。因為精神不夠強大，所以無法抵制一時的衝動，或者任由脾氣發洩。只有精神上的侏儒才無法掌控自己的思想。

就拿壞脾氣的人來說，他們往往妄自尊大，自私虛榮，不為世人所稱道。肆意發脾氣的人沒有高尚人品可言，他們隨時四面樹敵，破壞家庭和睦，給自己和家人帶來恥辱。

某丈夫因為無法忍受其妻的暴躁脾氣，向法院提出離婚請求。他在請求書上寫道，其妻動不動就為一點小事暴跳如雷，然後一抓二踢三咬，有時甚至還莫名發火。其實，他的妻子除了脾氣暴戾之外，並沒有其他缺點。然而，就是這項缺點，便足以毀了她的整體形象。也許，她小時候也只是有時發發脾氣，如果那時能夠多加注意，很容易便可以改正過來。而當養成了每次都以發脾氣來發洩情緒的壞習慣時，就很難再改得掉了。令人遺憾的是，面對孩子發脾氣時，很多家長不是想辦法安慰孩子，而是以暴制暴，也跟著發火。如果大人們能從小就教育孩子正確的思想，讓他們學會控制自己的情緒，那麼世界將減少多少犯罪、多少悲劇啊！

大自然賦予了人類改造環境的能力，我們本應做自己的主人，卻不幸被情緒所左右，居然能為一個員工犯下的小小

錯誤就氣急敗壞，不分輕重，不懂得要在克服困難或解決好工作問題前應控制好自己的情緒，以免影響工作。同樣，看到一個既堅強又可愛的女人竟不顧身分和廚師、女僕吵架，或是為了一點衣著上的小問題或其他雞毛蒜皮的瑣事就破口大罵，無法不叫人感到惋惜。

我們大都缺乏真正的自制能力，很小的事情就足以挑釁我們，讓我們陷入麻煩。一支筆掉到地上的哐啷聲，小腿被碰撞了一下或是腳趾頭踢到東西，都可以成為我們生氣的導火線。

所羅門[39]說：「善於抑怒者勝於善於馭人者；善於自制者勝於善於攻城者。」然而今天，我們最常聽到的卻是有著這樣評價的人：「他有能力，而且很勤奮，但卻不懂得控制自己。那個臭脾氣能為任何雞毛蒜皮的小事爆發。」或是：「她是一個出色的女人，才華橫溢而且前程似錦。只可惜永遠管不住她的火爆脾氣，動不動就給她自己和別人惹麻煩。」

你們也許認為將一點小缺點和人生悲劇連繫起來未免過於牽強。但在我看來，在生活小事上就養成自我控制的好習慣能培養出不亞於勇敢、克己的特質。不論男女，如果平時能夠沉著處事，在遇到更為嚴重或意想不到的問題時，他們習慣冷靜處事的頭腦便可以為他們帶來更大的勇氣和自制能力，就算遇到天大的意外也不能使之動搖。也許這份應對災

39　所羅門（Solomon），古以色列第三任國王。

難的勇氣永遠都沒有機會施展力量，但只要你能從每件小事做起，養成控制自己的好習慣，同時也鍛鍊了自身的人格力量，足以輕鬆應對以後人生的各種情況。

人只要能夠做自己的主人，做自己的凱撒，就可以不為情緒左右，不被環境牽著走；就能夠超越欲望，做到比承諾過的還好。

自我克制的意義廣泛，其範疇並不局限於控制自己的脾氣或者情緒，還包括在面對考驗時，最大限度調動身體上或精神上的能量、智慧和思想力量的能力。

在面對重大危機或一件幾乎不可能完成的任務時，一個人的所言所行體現了他的才能以及自制能力。如果他沒有驚慌失措，在所有人都放棄時仍然選擇堅持，在「不可能」面前永不妥協，那麼這個人絕對是自己的國王。他超強的自制能力，對處境的瞭若指掌，使他成為勝利的化身，奇蹟的寵兒。

而那些控制不住自己脾氣，抵擋不住誘惑的人，只能隨情而動，衝動行事。他們無法用理性處事，任由感情和情緒支配自己。無法為自己做主的人，更不可能領導別人。

我認識一位很優秀的作家，他曾經在全國最好的報社擔任重要職務。他精通各個領域，尤擅歷史，而且為人熱心善良，樂於助人。只可惜他的脾氣十分暴躁，生活過得一塌糊

塗。後來甚至為爭一時之氣，竟毫不猶豫地將多年努力得來的職位放棄。他儘管能力超凡，卻四處碰壁，最後甚至連家人都無法養活。他背負了一身的學識，卻毫無用武之地，一生受盡壞脾氣所累，抑鬱而終。

還有成千上萬的人因為無法控制自己的酒癮，不僅毀了自己，還拖累家人，讓他們在貧困線上掙扎墮落。這些酒鬼也許就是因為沒能抵擋住第一次的誘惑而從此上癮。他們明明知道接受誘惑的危害，卻又不願堅定意志，加強對自己口腹之欲的自制能力。

世上再也沒有比看到一個原本事業有成的人因為控制不住脾氣或酒癮丟掉工作或失去成功的唯一機會更叫人扼腕痛惜。他們就像一個傀儡國王，反被自己放在王座上的木偶所擺布控制。

想想看吧！為圖一時之快，不去控制自己的脾氣或欲望，導致一生毀滅是否值得？

很多人總能為自己的失控找藉口，說那是因為他們情感豐富。不過造物主可不會像人類那樣徇私枉法，它賦予了意志相當的力量，使之得以抗衡誘惑和衝動。至少在最開始，只要你願意運用一下意志力，也不至於落下不可自拔的下場。

　　古希臘相士佐披洛司在為蘇格拉底[40]看相後聲稱，蘇格
拉底是一個愚蠢粗魯兼好色的酒鬼。蘇格拉底聽說後回應
道：「大自然也許賦予了我這些罪惡，但我已經靠長年累月的
行善將其消滅了。」

　　米拉波[41]在面臨法國最嚴重的政治危機時，去馬賽發表
了演說，人們罵他是「誹謗者、騙子、殺人犯、無賴」。而
這位偉大的政治家則平和回應道：「先生們，等你們氣消了我
們再談。」

　　米拉波的事蹟啟發了很多作家，他們將他描寫成善於征服
內心野獸的英雄。我們每個人的心裡都存在一隻野獸，如果不
能征服牠，你就很難做自己的主人。屈服於情緒、弱點或被失
敗擊垮的人，永遠都無法成為自己的主人。一隻小小的老鼠在
水壩上挖一個洞就能淹沒一個偉大的城市。一根沒有熄滅的火
柴就能引發足以燒毀整座村莊的火災。同樣，一時的情緒失控
就能葬送一生的工作良機。性格上的一個小小缺點，多喝一小
口酒，或者僅僅一個夜晚的狂歡，都有可能摧毀你多年辛苦建
立起來的事業。有多少堅固的友誼只因一時衝動的爭吵，或在
憤怒之下寄出的辱罵信件而從此支離破碎。

40　蘇格拉底（Socrates，西元前 469 ～公元前 399），著名的古希臘哲學家，他和學生柏拉圖及
　　柏拉圖的學生亞里士多德被併稱為「希臘三賢」。

41　米拉波（Mirabeau，西元 1749 ～ 1791），法國革命家、作家、政治記者暨外交官，共濟會
　　會員。他是法國大革命時期著名的政治家和演說家。在法國大革命初期統治國家的國民議
　　會中，他是溫和派人士中最重要的人物之一，主張建立君主立憲制以融合到革命中。

人生的悲劇幾乎都與自我控制能力不足息息相關。只要我們三思而後行，在說出激動的話語或寄出倉促寫成的信件前想想這樣做的後果，我們就能避免多少的痛苦和悔恨呀！

一位朋友近日告訴我說，他十分慶幸沒有把前一天晚上在憤怒之下寫出來的信寄出去。幸好他在第二天早上又打開信封把信重讀了一遍。他說看完信後感到相當震驚，做夢都想不到自己還能寫出如此刻薄尖銳的話語。當然，那封信也永遠沒有機會送到他主人的手裡。

如果你也寫了類似的信件，不要著急寄出去，先擱置一個晚上，到第二天再讀一遍後決定要不要拿去寄。沒有這樣做的人通常都後悔莫及，因為寄出去的信就如潑出去的水，他們即使願意獻出全部家當也追不回那封在怒氣之下寫成的信。當然，如果你足夠理性，能夠壓下寫那封信的衝動，那當然更好，因為對付情緒激動的最好辦法就是將之抑制。只要這些情緒不斷地遭到壓制，自然就會減弱，到最後便窒息而亡。

一個愛爾蘭人說，他向來吃軟不吃硬。什麼艱難困苦他都不怕，唯獨抵擋不住誘惑。毫無疑問，我們大多數人在所有情況下都和這位愛爾蘭人一樣。

只有少數的偉人才能完全控制自己，從而成為歷史長跑線上的指路燈。很多人都只能掌握某些方面，無論在生理上

還是精神上，我們都只征服了小部分領域，絕大部分都不在我們的控制範圍內。身為自己的掌舵人，我們卻無法時刻駕馭手中的方向盤。我們的王國到處都發生叛亂，不服統治的情緒隨時都可能威脅你的權威。一旦叛亂的次數增多，叛亂者獲得勝利的機會也會隨之增大。

其實每個人只要意志堅定，都可以維護自己的權威，因為造物主把我們設計為主人，而不是僕人。只要思想正確，遵守自然規律，我們都可以憑藉意志建立自己的王國。強化弱點，做到越挫越勇，便可以奪回自己的領土。

我們首先要做的就是端正態度，做好長期作戰的準備。什麼事情都不可能一蹴而就，但我們可以透過日積月累的努力，慢慢地改掉急性子，一個個地找出自己的弱點並有針對地築好防禦工事，增強對誘惑的抵抗力，漸漸奪回自主權，擺脫從屬的地位。有的時候，把缺點具體化對重拾自主權也很有幫助。我們只要看到敵人的渺小，就更有戰勝的信心。

我的一個朋友就是這樣。他有很大的菸癮，雖然自己已經意識到吸菸過多會危害健康，還是沒辦法戒掉。他一直抱有消極的想法，認為自己一生都沒法擺脫菸癮了。後來有一天，他把所有香菸都擺到面前，並對自己說：「我是人類而你們只是一些菸草，看誰怕誰！」菸草們打了退堂鼓，而我的朋友也因此幡然醒悟。

我的另一個朋友則深受暴躁脾氣之害，他的辦法就是天天念聖經裡的名句。每當火氣上來時，他就不斷地在心裡默念：「勿急躁，勿惱怒；只有愚蠢之人，才會心懷怒氣。」不用多久，他就成功地克服了這個缺點。

　　我們只要願意，誰都可以不為情緒所奴役。所有願意戰鬥的人總能得到回報，重新登上國王的寶座。

　　有的人既無能又可悲，只因無法主導自己的精神領域。他們敞開大門，不拒絕任何帶來爭吵、卑鄙、仇恨以及嫉妒的敵人。他們的精神王國一片混亂。他們甚至連自己為何無能，為何不幸都不能明白，不知道正是因為他們放棄對自己思想的控制，任由敵人破壞他們心靈的平和，肆意攻擊守衛靈魂的圍牆，他們的精神王國才不再神聖，才變成了野獸的樂園。

第十三章　學會控制情緒

第十四章

每天一小時

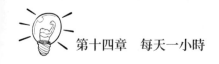

第十四章　每天一小時

你是否意識到你生活中的一切，包括成就感和快樂都只在當下？你永遠無法跳過哪怕只是一秒的時間？無論你在做什麼，或是獲得怎樣的成功，都只能在此分此秒裡感受到，你永遠都只能活在當下。

沒人能活在下一秒鐘的未來裡，就像不可能活在上一秒鐘的過去一樣。

因此，我們要把握當下，更何況我們真正用來學習和工作的時間非常短暫，一天也許就只有幾個小時。所以更應該珍惜時間。

商界有一條著名的格言說：「時間就是金錢。」其實，時間還是知識，是力量。「珍惜每一個一秒鐘就能擠出一個小時」和「節省一個便士就能存夠一英鎊」的道理一樣。很少有人意識到，如果能把我們所浪費的時間全部加以利用，就足以讓我們成為某個領域的專家，或者擺脫狹隘的人生，去更廣闊的海洋上自由飛翔。

人人都希望活得精彩，不想一生碌碌無為。然而，雖然我們都期盼自己事業有成，但很少有人明白成功的人生是由每一個成功的日子堆積而成的。僅有夢想無法成就任何事業。如果沒有詳細的人生規畫以及實施計畫的毅力，成功只會漸漸遠去。

我們所得的成就來自每天、每小時、每分鐘對自己的投

資經營。只有把時間都花在學習知識和獲得力量上，我們才能得到最大的滿足感。

一個人省下的錢越多，就越能獨立生活；而學識越淵博，力量也就越強大。增加知識既能擴大生活視野同時豐富人生。給自己投資多一秒鐘，便能收穫多一點充實，多一點智慧，從而擁有更美好的人生。

我希望能把「每天一小時」刻在天空，那樣就能提醒每一位年輕人，每天至少擠出一個小時的時間堅持學習，未來將受益匪淺。

我想沒有任何年輕人會忙到連一個小時都擠不出吧？只要每天學習一個小時，堅持一段時間就能讓一個普通的職員掌握一門科學；堅持十年，就能讓文盲變成學者。孩子們在一小時內可以精讀 20 頁書，一年下來也就是 7,000 頁，18 冊。默默無聞的你可以因為這一個小時的累積而揚名立萬，普通平凡的他也能因此成為英雄。如果每天能抽出兩個，四個甚至六個小時來學習呢？那能創造多少奇蹟呀！而年輕的朋友們卻把這些寶貴的時間白白浪費在無謂的娛樂活動上！

英國的年輕人都十分崇拜格萊斯頓，認為他是命運的寵兒。然而，他們不知道這位幸運兒成功的祕訣在於善於利用時間。時間對格萊斯頓而言就是財富，儘管他已經是國家的首相，地位僅次於女王，也從不允許自己浪費一分一秒的時

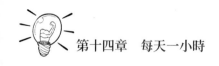

間。他隨身帶著書籍和報紙,以便一有空就可以拿出來閱讀。如果他當初也像其他年輕人一樣隨意浪費時間,怎會有受世人崇拜的今日!

有哪個成功人士會視時間如糞土?時間對他們而言甚至比金子還要珍貴萬倍。就連價值連城的寶石也只能勉強用來衡量其價值。

我們到處都能聽到有人埋怨說,如果自己有能力,有才華,就可以做這個做那個了。他們總喜歡把自己的庸碌歸咎於能力不足,僅僅因為自己不是所謂的天才。而事實上,就算是能力所及之事他們也不敢嘗試,只會把時間白白浪費。他們已經養成了浪費時間的壞習慣,甚至連自己的才能也同樣棄之不用。

在年輕的時候,我們就應該養成充分利用業餘時間的習慣,這對我們的將來會很有幫助。把該習慣根深蒂固到自己天性中的年輕人,即使離開父母,獨自出去闖世界,也仍然能夠穩住自己,有足夠的力量去抵擋外面花花世界的各種誘惑。

普通的家庭大多不懂得如何利用時間,尤其是那些大家庭。這很不幸。他們晚飯過後通常會聚在客廳,花一整晚的時間談論一些無關要緊的話題。他們開一些愚蠢的笑話,用粗俗的語言聊天,根本用不著動腦筋。一些孩子也許在玩,一些則去看書。他們沒有任何安排,僅僅是在消磨時間,把

時間大把大把地浪費在無謂的瑣事上。

　　有多少家庭都是這樣度過一個個寶貴的夜晚呀！他們沒有學到任何東西，沒有做任何有意義的事情，任由時間流逝，甚至不願意參加一些有益身心的娛樂活動。

　　好在每家每戶都會出現一兩個決心不再過平庸生活的人。儘管他們希望有朝一日能夠出人頭地，想要透過有系統的學習來充實自己，但他們的生活環境卻常常干擾他們。除非這個人雄心勃勃且有破釜沉舟的決心。否則，大多數的孩子都會選擇放棄並且最終隨波逐流。

　　然而，從古至今，總有少數理想遠大的年輕人選擇了堅定不移地走自己的路。他們不需要鼓勵，即便在熱鬧嘈雜之處，也能夠找到角落靜心學習。而志向平平的普通人，只有在別人的鼓勵下或者環境允許時，才會奮發圖強。如果沒有這些條件，他們則無法走出牢籠，去追求更高的生活，而是漸漸地滿足於家庭生活的安逸。也許曾經的理想會偶爾閃現，但當一切都業已成為習慣時，所有的夢也將隨之消散。

　　如果做父母的都能明白鼓勵孩子自我充實的好處，從小培養他們養成愛學習勤觀察的習慣，這個世界將減少許多無知、犯罪以及不幸啊！對孩子的培養需要耐心。一個渴望知識、做任何事情都全力以赴的孩子，將來創造的財富是無法用金錢衡量的。

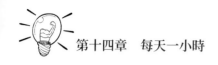

如果條件允許，最好給每個孩子都配備一間可以靜心學習和思考的房間。房間小沒有關係，就算在角落也可以，只要燈光充足，有桌子和書架，再加上一把舒服的椅子足矣，越簡單越好，最重要的是舒適，要讓孩子有坐下來學習的欲望。但如果沒條件給每個孩子都騰出一個獨立的小空間，那就安排他們在同一間房間裡學習。無論房子多麼簡陋，家都應該擁有大學校園般的學習氛圍。貧窮的父母更應把希望寄託在孩子身上，鼓勵他們向前看，教導他們理想要遠大，要高尚，長大以後成為對社會有用的人。

年輕人應該多讀名人傳記，像林肯、加菲爾[42]、亨利·克萊[43]等都出身貧窮，但他們從不虛度時光，而是爭分奪秒地吸取知識，最後克服了重重困難贏得了受教育的機會。他們都是奇蹟的創造者。

可惜大多數人都不相信家庭教育，認為去學校或研究院接受教育更為現實且可靠。在美國，家庭教育實際上為那些

42　詹姆士·艾布拉姆·加菲爾（James Abram Garfield，西元 1831～1881），美國政治家、數學家，美國歷史上唯一一位數學家出身的總統。加菲爾家境寒貧，幼年喪父，全靠自己半工半讀由中學升入大學。但他 26 歲時即出任大學校長。內戰期間為反對奴隸制，棄筆從戎，32 歲時即晉陞為陸軍少將。後被林肯賞識，棄軍從政，進入國會。1880 年加菲爾當選為第二十任總統。就職僅四個月即遭暗殺，是美國第二位被暗殺的總統。他一生作為教育家、演說家、軍人和國會議員，頗有成就。

43　亨利·克萊（Henry Clay，西元 1777～1852），美國參眾兩院重要的政治家與演說家。輝格黨的創立者和領導人。美國經濟現代化的倡導者。他四歲喪父，但早慧且閱讀廣泛，十五歲便在法庭謀得公務員職位。他曾經任美國國務卿，並五次參加美國總統競選。他數次解決南北方關於奴隸制的矛盾，被稱為「偉大的調解者」，並在 1957 年被評選為美國歷史上最偉大的五位參議員之一。

沒錢上大學的窮苦孩子提供了受教育的機會。比如林肯，他完全是自學成才的，就連外國人都為他的博聞廣識驚嘆不已。如果他年輕時沒有大量閱讀，在鄉村田野長大的他，怎麼可能獲得等同於大學教育的知識，並且從一個窮苦年的輕人奮鬥而成為美國總統？連又聾又啞又盲的海倫‧凱勒都可以透過努力贏得大學教育的機會，怎麼身體健全的年輕人反倒做不到？難道擁有健康的身體，不就意味著擁有更多的機會嗎？

難道你比海倫‧凱勒身體更不方便還是比亞伯拉罕‧林肯更加貧窮？

教育程度低的人往往覺得教育高不可攀。他們於是沒有信心，不敢爭取，沒有意識到每天只需抽出一點時間去讀書或學習，他們也有機會實現夢想。

學習的原理其實和存錢一樣。我們都知道每天省下一個便士就能夠存下幾美元，久而久之幾美元就能變成幾千元。同樣，我們多擠出一分鐘去讀書學習，就是往自己身上多投資一個便士，而對自己的投資，報酬率更是沒有上限。擁有了知識，不論是上刀山還是下火海，都有能力翻越；儘管失敗了，還可以重頭再來，因為你最寶貴的資本猶在。

擁有充實人生之人，過去必定不浪費一分一秒。每當聽到別人，特別是年輕人在討論如何消磨時間時，我就倍感痛心。難道他們不知道消磨時間就是在消磨人生嗎？最終把可

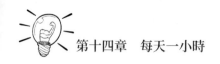

以改善人生的機會給消磨掉,把自己的抱負給消磨掉。只此一次的人生也就這樣度過了。

消磨時間就是在消磨買通美好人生的紅寶石啊!

在最近的一次全國廢棄物品處理大會上,人們看到了一些關於廢棄物品的有趣事實。大會代表來自全國各地,他們向聽眾展示了投資廢物利用所帶來的收益,竟高達七百萬美元。

其中一份報導說,去年出口的羊毛碎布在國外的工廠被改造成了再生毛線,收益高達兩百萬美元。

而用舊了的錫罐頭,嚴重磨損了的炊具,以及丟棄了的各種五金用品,則被重新加工為馬口鐵,總值一百一十四萬元。

當然,廢物回收並循環利用已經發展了好幾年,只是規模不大,而且零零散散,只在大城市裡進行。如今,廢物循環利用已經成為國家議題,因為其不僅可以帶來經濟效應,而且具有環保價值。

如此贏利的項目靠的竟是那些被人們認為是無用並且丟棄了的生活垃圾。

同樣,我們每天又浪費掉多少價值上百萬美元的精力和時間在一些毫無意義的愚蠢事情上?

在費城的一家金幣鑄造廠，地上放著一個木製的格子架裝置。每當清掃地板時，就把該裝置拿起來，從而把散落到地上的金沙都收集起來。年復一年，這些金沙也越積越多，價值甚至超過上千美元。同樣，希望獲得成功的年輕人們，也應該拾起每天零零碎碎的寶貴時間，累積自己的人生財富。

有人可以靠撿拾垃圾致富，像廢皮革、紡織廢料、焊渣、鐵屑、牛馬的鐵蹄、牛角、甚至廢棄的礦山或農場等被人丟棄的東西，都蘊藏著寶物。同樣，我們也可以依靠撿拾「時間」成名，將別人認為是無用的零碎時間利用起來。我們人人一天都擁有一樣多的時間，不同的是，我們是否有充分地利用之。

用同樣的材料有人可以建造一座宮殿，而有人則只能搭出一間小屋。有人出身富裕而有人一窮二白。命運有時也許是不公平，但在時間的分配上，絕對是做到了人人平等。

憑靠奮鬥、堅持不懈以及善用時間獲得成功的例子不勝枚舉，我們都不需要列舉像富蘭克林、克萊、韋伯斯特以及林肯這些先賢的成才故事，就在我們的同代人中，如埃德溫‧馬卡姆（Edwin Markham）、貝弗里奇議員（William Beveridge）、康乃爾大學校長舒爾曼先生（Jacob Gould Schurman）以及安德魯‧卡耐基等都是很好的例子。他們透過自己的勤奮努力，在業餘時間自我增值，最後獲得成功。

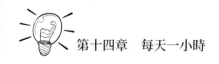

　　還可以舉出更多的例子，有些是我認識的人，還有一些是在書上讀到的人，他們都是憑藉每天堅持不懈的學習，才得以成就輝煌。

　　瑪麗·尼爾森小姐，一個女僕，在每晚工作結束後自己看書學習，最後自學成才，進入大學接受高等教育。她現在已經是愛荷華州第蒙市丹麥學院的藝術系院長。

　　阿爾弗雷多·特龍貝蒂（Alfredo Trombetti），當代最偉大的語言學家，曾經在義大利波羅尼亞市擔任理髮師學徒，一星期只領一法郎的薪水。他在別人都休息或娛樂的晚上，自學英語、法語、德語、拉丁語、希臘語以及希伯來語，並最終成為語言專家。

　　愛荷華州滑鐵盧市的一名年輕婦女，由於家庭貧困，七歲開始便下田耕作，十四歲就擔負起照顧一家十二口的重任。她充分利用所剩不多的空餘時間，自學準備大學考試，現在已是年薪兩萬美金的執業醫師了。

　　威斯康辛州州長約翰·A·詹森從小家境貧寒，下有弟弟妹妹需要照顧，但他全憑自己的努力，走出貧窮，坐上州長的位置。在鐵路運輸業、金融業、大學、政界、商界、製造業以及各項科研創新領域裡，有所造詣之人都是這樣一路奮鬥過來的。

　　世上難道還有比成就自己的人生更為重要的目標嗎？有

比努力奮鬥，向偉人學習，提升聲望，為社會做貢獻更激動人心的生活嗎？

我們現在生活在男女平等的時代。婦女比過去擁有了更多的機會和發展空間。可是仍有不少婦女沒能好好利用這個黃金時代，放棄了學習知識的機會，還困惑自己怎麼沒有別人聰明能幹。她們忽視了一個很重要的問題，那就是在外工作的丈夫們由於經常接觸大千世界，見識也會一天天增加，如果妻子沒能跟上丈夫的腳步，只會失去對丈夫的吸引力。如今很多家庭婦女沒有生活目標，就只能看別人臉色過日子，為一點瑣碎小事就能鬧得雞飛狗跳。

有計畫才有可能成功。如果我們有理想，就應該利用一切能利用的時間去完成我們的計畫。成功人士都是每天按部就班地執行計畫之人。他們不允許有阻撓計畫實現的事情發生。只有做好人生規畫，並實行之，才能提升自身的人格魅力。

白手起家的偉人都是善於利用時間充實自己精神世界之人。

我近日和一位事業有成的朋友聊天，得知他年輕時很少出去玩，而他的朋友們都不能理解，為什麼他不在休閒時間出去拜訪朋友或者參加聚會。其實那時的他已經給自己制定了一個目標，並下定決心要利用每天的閒置時間充實自己，以求一步步地實現這個目標。

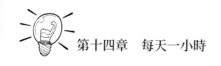

　　如果改寫一下林肯傳，把他年輕時候利用業餘時間讀書和思考所得到的益處都省略不談，將給這個世界帶來怎樣的損失啊！讀林肯傳的少年朋友們肯定會感到無比的惋惜，認為像林肯那樣能言善辯、博聞多才的人整天埋頭書本，不出去和朋友聚會實在可惜。而事實上，林肯是因為胸懷大志才如此。他從華盛頓傳裡看到了自己未來的無限可能，於是下定決心要從借來的每一本書裡挖掘出能給予他靈感以及幫助的知識。正是因為從小便養成勤奮好學的習慣，林肯才能成為美國歷史上最偉大的人物之一。

　　何不從現在、此時此刻開始，就制定你的人生計畫，並馬上開始爭分奪秒地實行之呢？

　　如果每家每戶都能堅持每天抽出一個小時讀書，無論是讀歷史、地理、文學還是學習數學或者外語，堅持一年，這家人會有怎樣的變化呀！在不需要集中精神的時候，如果能夠把注意力集中在想要學習的科目上，堅持下來後你會驚訝自己的進步，並且做任何事情都會變得更有效率。晚上給自己充電可以讓自己更好地完成第二天的工作。由此累積下來的知識能讓你在任何領域裡都獲得成功。只有全力以赴，盡最大努力為人生奮鬥的人，才會得到真正的滿足和幸福。

　　世上有太多的人在快要走到人生盡頭時才為自己沒能好好珍惜時間悔恨不已。他們的一生都在為自己沒能接受教育

而遺憾，卻沒有想到如果當初能好好利用時間自學知識，得到的豈止是一次大學教育。

你只要告訴我某人是怎樣度過休息時間，怎樣消磨漫長冬夜，以及怎樣看待機遇，我就能預測他會有怎樣的未來。

人只有不斷吸收知識，才能擁有遠見卓識。廣博的知識使人心胸開闊，富有同情心。相反，不學無術之人往往心胸狹隘，刻薄待人。

堅持充實自我的年輕人是幸福的，因為他們永遠在進步，在吸收知識，在為將來做更好的準備。出於對知識的渴望，他們興趣廣泛、知識淵博。而這樣的人，往往都幽默風趣、魅力四射。

如果你渴望成功，就應該盡最大的努力彌補自己所缺失的教育，並向各行各業的朋友們虛心討教，豐富自己的學識。印刷工可以教你排版的藝術，泥瓦匠可以告訴你許多有趣的知識，而農民則了解你一無所知的領域。甚至於你手下的職員，和你鄰桌工作的同事，都能為你提供許多有價值的資訊。

很多人終其一生都僅僅接觸過一兩個領域，除了他自己的專業，便一無所知。而正是因為其狹隘的知識面，導致他未能在自己的專業領域裡脫穎而出。

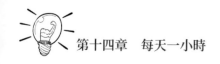

　　思想越開放，知識越廣博的人越是懂得「三人行必有我師」的道理。他們像蜜蜂一樣四處採蜜，真正地看盡人生百態，嘗遍酸甜苦辣。

　　當今社會有太多甘於平庸的人。他們沒教養、沒技能，還整天把寶貴的時間浪費在無聊的娛樂活動、閒聊閒逛上。他們本可以有所成就，可惜不願意付出努力，利用空閒的時間自我充實。他們不願意放棄安逸的生活，放棄劇院、舞會以及那些愚蠢的說長道短，去充實自己的靈魂，爭取更好的生活。他們看不到自我充實的重要，竟對這樣一顆可以改變人生的寶貴珍珠視而不見。

　　為了學習放棄玩樂需要很大的決心和毅力，但你最終總會得到回報的。

　　面對愈演愈烈的社會競爭，我們更需要重新武裝自己，增強自己的精神力量以及提升自身的教育水準。各行各業的用人要求都在逐年提升，自我增值更是迫在眉睫。供需相應，我們自我充實的強度也必須相應增加。

　　無知再也不能成為藉口。但凡身體健康、理想遠大之人，都可以擠出時間自學成才。很多人十幾歲便被迫輟學外出打工。他們沒上過幾天學，但卻更加懂得惜時如金的道理，並充分利用業餘時間自學成才，一點都不比從大學校園裡走出來的天之驕子差。

我想起有一個擔任兩所學校校長職位的一個人，他甚至高中都沒畢業，如今卻在數所大學裡任職。對他而言，漫長的冬夜和應該尋歡作樂的節日都意味著人生的另一種可能。

智慧從不向好逸惡勞之輩敞開大門。她的珍珠從不對外出售，只有真正付出汗水去爭取的人，儘管身無分文，也一樣可以得到她的贈予。

不再抱怨沒有機會接受教育，沒有機會得到好工作，勇敢面對困境，竭盡所能解決問題的年輕人將來一定能夠有所成就。也許他只能一步一步地慢慢走到目的地，但他可以走得很遠。

已經錯失高等教育的年輕人吶，你們要怎樣度過漫長的冬夜？你會隨波逐流，對自己的未來沒有一點主見嗎？如果是那樣，你極有可能加入庸者的隊伍。未來是不會自己變好的，需要當下去塑造、上色才會變得多姿多彩。昨日成就今日，今日成就明日。生活能夠給予我們的，就在於我們怎樣去利用逝去的時間了。

我們常說富人越富，窮人越窮。然而，造物主並沒有讓富人壟斷對人類最重要的東西：時間。即使是身無分文的奴隸，他的一天、一年並不就比萬人之上的皇帝少。就算是世界首富、產業巨擘，都無法剝奪即便是最卑微之人的一秒鐘時間。

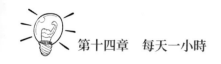

　　你是否意識到在你不假思索就浪費掉的那些時間裡，已經有多少人自學了不亞於大學教育的知識？你又是否知道人類歷史上從來沒有像今天那樣普及教育、重視教育，而教育也給人們帶來了史無前例的巨大力量？

　　有人也許認為薪水微薄的人再怎麼省吃儉用也存不了幾個錢，而沒有機會去上學的人再怎麼爭分奪秒，在家自學知識，也比不過那些接受了正規教育的人。

　　然而，如果能夠利用業餘時間透過一間好的函授學校自學，一樣可以獲得高品質的教育。成千上萬的人正是透過上函授班自學成才，並因此擺脫了無知的尷尬。他們在事業上獲得的成功以及擁有的社會地位，都要歸功於他們自學而來的知識。

　　我恰好認識這樣一位年輕人。他經常旅行，並喜歡隨身帶著幾本有閱讀價值的書，如文學作品或函授教材。這個習慣讓他得以廣泛閱讀英語名著、科技文章等，並因此獲得了許多重要的知識。

　　以上的例子就足以說明善於利用時間的好處。這個年輕人並不比其他職員擁有更多的業餘時間，但他懂得利用這些時間進行自我增值，並因此取得了更大的成就。

　　對進步的渴望是一個人內心強大的表現，同時也是贏得成功的法寶。

副總統威爾遜先生從小愛讀書，甚至連下田耕作都不忘隨身帶上一本書。就這樣在他二十二歲前，他閱讀過的書籍已經是上千冊了。而林肯也一樣從來是書不離手，以確保可以隨時隨地利用零碎的閒置時間看書。瑟洛・威德[44]從前在糖槭林工作時，每晚都會帶書去上班，甚至連糖漿被篝火燒滾了也毫無察覺。科利爾牧師在鐵匠鋪工作時，在他工作的砧板旁邊總是放著一本文學著作，以便能在工作的間歇時間充實自己的大腦。

沒有充分利用資源把自己的才能發揮得淋漓盡致之人，在所有的行業裡都只能扮演小角色。假如一個人天生是做老闆的料，為別人工作只會埋沒才華，他也因而無法成為優秀的員工。我們都有聽說過這樣的故事。然而，又有多少人會想到，如果這個人從今天開始努力學習，把自己的才華充分挖掘出來，那麼他難道還會甘於做一個小小的職員，而不去追求更高的位置嗎？

「我們從不好好把握機會提升自己，」一位作家說道，「任由寶貴的時間流逝而去。當機來敲門時我們總是沒有準備妥當，就像到了下雨天我們才猛然醒悟，原來自己沒帶雨傘。」

知識就是力量。你所學到的任何知識，看過的任何好書，以及做過的任何思考，只要有助於你的成長，便有助於

44　瑟洛・威德（Thurlow Weed，西元 1797 ～ 1882），美國紐約輝格黨領袖。

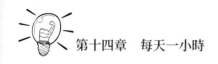

你的事業。我認識很多寧願不賺錢也要提升自己的年輕人。他們放棄可以賺到錢的工作，利用業餘時間或半個長假學習知識。相對於提升自己，金錢顯得沒那麼重要。而在不久的將來，他們的老闆也將意識到他們的價值，升遷調薪自然也就不在話下了。

　　想要獲得怎樣的人生就在於你為人生做了多少準備。付出了多少汗水便能收穫多少果實。無論你為人生做了怎樣的投資，都比不上為自己成長的投資。只有不斷學習、自我增值的人才能獲得最大的滿足感。

第十五章
確立自己的位置

在梅特林克[45]的童話劇《青鳥》[46]中,最匠心獨具的一幕莫過於一群未來將要出生的孩子們排著隊在等待降生人間。他們爭相擠向時光老人的帆船,吵吵嚷嚷,希望儘早趕上轉世的船舶。每個孩子的小手裡都抓住了各自的命運。有的注定要成為藝術家,有的則是工程師,有的是詩人,而有的則是建築師。從最卑微的職業到最高尚的職業,應有盡有。

這富含詩意的一幕,具體地向人們傳遞了一個真理,那就是,造物主賦予了每個人至少一種才能,讓我們將來至少可以在一個領域發光發熱。

也許你的朋友們和親人認為你適合從事某項工作,但他們的想法不一定符合你上船時手裡抓住的那項才能。只有你最清楚自己的血液裡到底流淌著什麼才華,因為那是你和造物主之間的祕密,即使是最親密無間的朋友也無法分享。你的天賦就如同呼吸,不需要後天培養便能夠無師自通,關鍵在於你自己有沒有深入去挖掘它。

成功還是失敗,就看你有沒有讀懂自己的天賦,找到屬於自己的位置。

美國有一個家庭富裕的年輕人,十分渴望能夠擁有自己

45　莫里斯‧梅特林克 (Maurice Maeterlinck,西元 1862 ~ 1949),比利時劇作家、詩人、散文家。

46　《青鳥》講述了兩個孩子為了替仙姑的孫女治病,走遍記憶國、黑夜之宮、森林和墓地去尋找青鳥的故事。

的事業。他業餘喜歡畫畫，而且畫作經常得到朋友們的讚賞，於是便跑到巴黎去學習美術。三年痛苦的學習生涯讓他幡然醒悟，明白自己永遠都不會成為一名偉大的藝術家。他討厭永無止境地拿著畫筆工作，而且覺得臨摹十分無聊。他的心總飾不自主地飛向農場。最終這個年輕人毅然決定放棄那個不屬於自己的夢想，重返故土，奔向鄉間田野去追隨屬於自己的使命。

他現在已經成為伊利諾州數千畝農場的主人，擁有一棟裝修高雅的豪華別墅。每年冬天，他都會旅行到各個國家去學習科學的種植技術以及育牛方法。他為社會提供了數以百計的就業機會，並給予當地的小農場主人很多幫助。找到天賦的他，現在是過得既快樂又充實。

如果他當初沒有意識到自己的錯誤，繼續為成為藝術家而奮鬥，他的人生將會多麼悲慘和不幸啊！

在都市裡，最讓人感到悲哀的，莫過於看到一群大有為的年輕人為不屬於自己的事業而奮鬥、掙扎。他們從事不適合自己的職業，徒勞地浪費青春，得到的只是一次又一次的打擊。如果他們能夠找到自己的才能所在，成功和幸福也不至於如此遙不可及！

成千上萬學習美術、演講以及戲劇的學生，從事各行各業的職員，每天都在徒勞地掙扎，希冀有朝一日能夠出人頭

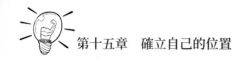

地。然而，他們所能得到的只有失望和痛苦，因為無論他們如何努力，都無法超越同領域的天才們。

大材小用無論是對個人還是社會，造成的損失都將難以估量。就如同把圓形的柱子打入方形坑內，沒有找到屬於自己位置的人會因為做著自己不喜歡的工作而鬱鬱寡歡，甚至影響工作效率。

我十分同情這類人，他們選錯了路，做著不適合自己的工作，就像一根佇立在方形孔裡的圓柱子。他們無法追求更大的成就，而當他們想從頭再來時，卻已經太遲了。

有的時候，一次錯誤的選擇便能決定你的一生，而想要改變可就沒那麼容易。我們往往是已經走了一大段路才發現自己走錯了，想重頭再來卻找不到出路。儘管我們費盡心思地想另闢蹊徑，其結果只會和以掃[47]一樣，賣出去的名分永遠都買不回來了。

所以我們應該在做出選擇前確認自己是否真的適合這個職業。

如果選擇了不合適的職業，你會像穿上不合身的衣服一樣感覺不自在。太大或太小的衣服都會讓你看起來很滑稽，而且礙手礙腳。你無法全身心地投入工作、熱愛工作，所以

47　以掃，聖經中以撒和利百加的長子，為了「一碗紅豆湯」隨意地將長子名分「賣」給其弟雅各。

也就無心享受工作的過程，並從中得到滿足感。

　　如果你的工作讓你覺得厭煩，無法從工作中獲得成就感，無法為擁有這份工作而感謝上帝，那麼，可以肯定你是入錯行了。相反，如果你能從工作中得到快樂、滿足，每天早上都很高興可以繼續昨晚未盡的工作，並且覺得自己得到了鍛鍊，那麼你的人生算是走對了路。

　　打心眼都不認同的工作，是無法做出成就的。就像天性浪漫的人不會願意從事機械作業，善於思考的人不會樂意僅僅處理日常瑣事。我們要奉獻一生去完成的工作必須和我們的興趣、能力相符。否則，充滿失望的工作只會讓你日漸沉淪，失去鬥志。

　　儘管我們每個人都有自己擅長的領域，但並不是所有人都可以輕易地找到它。很多年輕人以為，大家一致贊成適合自己的工作就一定不會有錯。但事實往往相反。即使是歷史上的偉人，也很少會去走別人為之安排的道路。有時，能否發現自己的才能，還得仰仗運氣。

　　貝爾教授就是在偶然間發明電話的。他在找到自己人生方向的第一條線索時，只是一個普通的語音學教師。當時他和他的父親已經為聾啞人設計了一套手語。一天，他突然靈機一動，想到兩頭各綁住一個番茄空罐頭的繩子可以用來遠距離傳播聲音，甚至彼此相隔一百英尺都可以藉此進行交

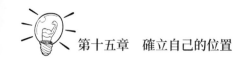

談，那麼用電線傳播豈不是效果更好？就這樣電話的初步構想誕生了。其實貝爾教授並沒有什麼過人之處，他的這個想法，就是智力普通的小男孩都可以從實驗中得出。

他與眾不同的是，儘管身無分文，仍然堅持要把這個想法付諸實踐。他因此找到了自己的使命，並不分晝夜地進行研究，最終完成十九世紀人類最偉大的發明之一：電話。一個源於兩個番茄罐頭，一條棉線的簡單設想，就這樣把貝爾領進了科學家的隊伍，一個他從來都沒有夢想過的職業。

就是愛迪生也從未想過自己會成為發明家。他是一步一步地發現自己的這個使命。當他還是個火車上的小賣報童時，就已經躲在行李車廂裡做一些簡單的小發明，而正是這些發明，慢慢地啟發了他。

很多人甚至在數次取得不凡的成就後仍然沒有看到自己的人生方向。他們要嘗試多幾年才會有所醒悟。

也許你的強項並不是很突出，讓你一下子就能夠認定它。也許你可以同樣出色地完成許多事情，但這並不意味著你就沒有強項。如果你在做其他工作時，思想總是回到某一項工作上，那麼你的強項很有可能就在那裡。如果你還是無法確定自己的選擇，那就多加嘗試，但不要放棄最初的決定，也許透過比較後你才發現，一開始的方向才是屬於你的未來。

在拜金主義風行的國家，我們尤其要注意抵制金錢的誘惑，不讓物欲影響我們的職業選擇。而年輕人特別容易受到影響，尤其是當他們的父親或其他長輩只看重物質回報時，他們很可能會因此做出錯誤的選擇。儘管財富是衡量成功與否的標準之一，但我們不能為了追求金錢犧牲屬於自己的人生。

　　忽視對個性以及人格的影響，僅僅依據賺錢的多寡來決定職業方向是錯誤的。我們應該追求有益於品格塑造，有助於我們成長的職業作為一生的事業。

　　一個人如果選擇了錯誤的道路，那麼他只會走向墮落，陷入貪婪、自私、自滿等人性的泥潭無法自拔。他背叛了自己的靈魂，並辜負了上帝的囑託。

　　工作的目的不僅是為了生活，更是為了成長。人生是上帝為我們建立的學堂，我們應利用上帝賦予的才能，努力學習，茁壯成長。

　　橡果的終極目的在於把身上的所有能量都釋放出來，成長為一棵高大茂盛的橡樹。那是橡果的成功。而人的成功也應該如此，在年輕的時候把自己身上的所有才華都不遺餘力施展出來。

　　做父親的在兒子對未來感到迷茫時，如果能夠告訴他各種職業的前景以及對社會的影響，就可以幫助兒子做出正確

的選擇。他可以這樣跟兒子說：「我的孩子，如果當初林肯也跟隨主流選擇了賺錢更多的職業，我們國家將蒙受多大的損失啊！美國之所以能擁有今天的教育水準，教育出眾多能言善辯的好律師、妙手仁心的好醫生，林肯可謂功不可沒。而如今，他的影響仍然深遠，成千上萬的年輕人，無論來自美國還是其他國家，都為林肯的奮鬥故事振奮不已。林肯因而成為美國歷史上最能激勵青少年的偉人。」

告訴你的兒子，如果當初林肯放棄了更高的追求，僅僅滿足於物質享受，今天會有多少年輕人的人生從此改變。沒有林肯那振奮人心的奮鬥傳奇，我們的國家又將蒙受多大的損失，今天的美國又將倒退多少年。明白這個道理，也許能幫助你的孩子選擇正確的人生道路，而不是任由貪婪、自私自利摧毀他純真的本性。

溫德爾·菲利普斯[48]、查爾斯·索姆奈[49]、菲利普斯·布魯克斯[50]等眾多歷史偉人都是因為能夠不為利益所動，選擇了正確的道路，才得以千古流芳。

亨利·克萊[51]曾說：「我寧願不做總統也要做一個正直的人。」我們寧可去打工，也不能去做那種為了錢財或權利不

48　溫德爾·菲利普斯（Wendell Phillips，西元 1811～1884），美國廢奴運動領袖。

49　查爾斯·索姆奈（Charles Sumner，西元 1811～1874），美國馬薩諸塞州參議員。

50　菲利普斯·布魯克斯（Phillips Brooks，西元 1835～1893），美國宗教領袖、作家。

51　亨利·克萊（Henry Clay，西元 1777～1852），美國政治家、演說家。

擇手段的人。當然，如果有機會發展，也不要滿足從事文職或者打零工。只要我們能夠誠實經商，正直為政，就應該爭取更遠大的前程。

而亨利·克萊正是秉著正直為人的原則，從一個小小的磨坊學徒奮鬥成為美國著名的演說家和政治家。

只要有能力去追求更高的地位，就不要滿足於現狀。人人都是帶著使命來到人間的，我們應該盡力完成任務，而不是推脫責任。

對人類的最大詛咒，莫過於忘卻使命，甘於平庸。

很多頭腦聰明、受過高等教育的年輕人，卻擔任只有他們能力一半的人都可以勝任的工作。他們雖然心存希望，想往更高的位置努力，但多年的習慣已經形成巨大的阻力，讓他們徘徊不前。他們一天比一天安於現狀，直到最後把自己埋沒在日常事務裡，再也不抬頭向上看。

人應該建立遠大的理想，形成天天向上的習慣。因為只有這樣，我們才會不斷追求，充分施展自己的才華。

我們都應該選擇自己認同並且最能發揮自己才能的職業，只有這樣，我們才有動力不斷追求進步，為更遠大、更高尚的理想奮鬥。如果從事連自己都不認同的職業，只要想想，都會讓人灰心喪氣，而長期下來，人的鬥志以及才能都會被消磨殆盡。

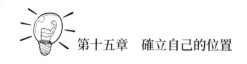

　　有的工作可能會妨礙我們長成大樹，甚至使我們變得弱小卑微，我們不應該選擇這樣的工作。而還有許多工作雖然沒甚害處，但是枯燥乏味、缺少挑戰，從事這類工作我們難以得到鍛鍊。還有更糟糕的工作，滋長人的懶惰，消磨你的意志，使人不再向上，不再追求美好高尚的事物。

　　換句話說，這些職業雖然不會敗壞你的道德，但也不會增長你的智慧，提升你的人品。從事此類工作無法幫助你得到提升。

　　而某些職業，比如說酒保，卻很容易使人意志消沉。再如馬販子，則很可能敗壞人的道德。雖然馬是最高貴的物種之一，然而馬販子卻不能算是良好公民。他們從事的行當充滿了誘惑，只要善於欺騙便能牟取暴利。大多數馬販子都無法抵擋金錢的誘惑，從而越陷越深，不可自拔。他們利用賽馬賭博，在賽馬場上動手腳，以此操控輸贏，坐莊騙錢。儘管也有不恥於同流合汙之人，但想要擺脫潛規則也非易事。還有一些職業甚至會扼殺人的同情心，使之變得冷酷刻薄。據說在屠宰場上工作的屠夫們，由於每天都在宰殺動物，他們的心也會變得愈加殘酷。因此在很多地方，屠夫是不被允許加入陪審團的，尤其在審理刑事案件時，屠夫的意見更叫人難以信服。

　　一個人的職業對其性格的塑造、心靈的影響巨大。你從

事過的職業，都將在你身上留下不可磨滅的印跡。職業本性的優劣，能直接對從職人員產生或好或壞的影響。

世上有很多職業可以讓你過上富裕的生活，但你卻不能從中得到靈魂的提升。這些職業無法擴展你的視野，提升你的精神境界，幫助你在生活的方方面面都成為受尊重的人。

無論你做什麼謀生，都不要選擇那種無法幫助你成長的工作。理想的工作應該要能夠最大限度地發揮出一個人的創造性，調動其所有的才華和智慧，並能讓他的領導能力得到展現的機會。

你不應該選擇那些無益於人類社會的工作，或者是有損身體健康甚至是高度危險的工作。如果這份工作必須在陰暗潮溼見不得陽光的地方進行，則千萬不能予以考慮。植物都無法脫離陽光成長，更何況是人類。

盡量選擇動機高尚的職業吧！在考慮是否要從事某項職業前，最好先了解清楚從事該行業的人群。他們是否心胸開闊、知識廣博、才華出眾、樂於助人？他們是否在團隊裡受到大家的尊敬？他們是否能與同事和睦相處？這項職業是否在社會上得到尊重？在做出判斷前，切忌以偏概全，而是要從整體著手，觀察其從業人員的整體素養。

人生一大悲劇便是陷入錯誤的職位上不能自主，失去伸展的空間，無法成長，甚至自己的靈魂都為此感到厭惡。我

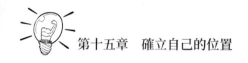

們有一半的人生都在為找到屬於自己的位置而戰鬥，一半以上的快樂都來自這個位置。因而人可以為此傾盡全力，只要能夠找到自己感興趣、願意投入全部熱情的工作，我們就能充分發揮自己的才能把工作做到最好。

從事違背自己天性的工作很難能夠獲得成功。即使是意志堅強，堅定不移並且高度負責之人，在自己不喜歡的職位上工作，即使獲得成功，也無法獲得滿足感，更遑論創造不朽。沒有找到屬於自己位置的人總會覺得缺失了什麼東西，而那正是對工作的熱愛、熱情，自發的興趣以及所有獲得真正成功和快樂的因素。

在每一座城市以及村莊都應該設立一所能夠幫助孩子發掘自身天分的學校。這所學校能指導孩子選擇最適合自己的職業。而加里教學體系正在著手解決這個問題。幾年過後，我們的孩子們就會擁有專門的職業規劃師幫助他們選擇最合適的職業。他們將會接受專業培訓，而他們的健康狀況、夢想、性格以及遺傳基因都將得到細心的觀察以及科學的指導。每個孩子都將得到專家測評，他們將對其職業規畫給予建議，這樣孩子們就能建立明確的目標，知道自己從事何種職業才能最大程度地發揮才能，獲得成功。

最佳的教育不應該和未來的職業選擇脫節。一個孩子最喜愛玩的遊戲往往就是他的天賦所在，而家長和老師就應該

對此加以引導，使這個孩子的教育和未來的工作得以承接。

　　為什麼成年人就不應該像孩子玩遊戲一樣從工作中獲得快樂和滿足？玩樂的歲月應該要像童年過渡到少年，少年過渡到中年，再由中年過渡到老年一樣順其自然地過渡到必須工作的歲月。造物主的初衷，是把工作設計成大人的遊戲，因此，我們應該要像孩子享受遊戲一樣享受工作。

　　然而，我們卻到處都能看到布滿憂傷、失望的面龐，這些人顯然憎恨他們的工作，認為他們從事的職業既單調又無聊，更別說享受工作了。他們因為沒有確立自己的位置而痛苦，一旦得以從事與自己的天性相符的職業，他們將快樂起來，而且靈感迸發，不斷進步。很多人之所以工作效率低，生活不開心，是因為沒有確立能夠發揮自己最大才能的位置啊！

　　有的人終其一生都不得志，在公司裡只能擔任最普通的職位，在部門裡永遠做別人的下屬，或者一輩子在辦公室擔任文職。他們到老都庸碌無為，不能擔當重任，生活缺乏熱忱。然而，正是在這些默默無聞的人群中，也許隱藏著出色的農民、醫生或是工程師，他們因為沒有確立自己的位置而埋沒了才華。

　　在這些職業工作者中，很多都害怕賭上自己的所有去成就夢想，他們唯恐失敗，害怕失去。儘管知道自己可以在其他領域裡取得更大的成就，但他們還有家人需要養活，不能

冒險。於是他們便在錯誤的位置上蹩腳地活著，無法追求更廣闊的世界，更無法最大程度地成就自己。

世上最叫人感到悲哀的一幕莫過於看到一位年輕有為、意氣風發的年輕人把自己的前程及才華浪費在一個平庸的職位上。他的能力得不到半點施展，僅僅擔任一個無足輕重的小職員。

這種情況的發生有時是源於意外，但更多時候是因為年少無知。一個剛剛踏出校門的畢業生，還沒有發現自己的才華所在，就急切地渴望找到工作，於是他便草率地決定自己的人生，認定第一份找到的工作，也不管是否適合自己。後來由於不清楚自己想要什麼，而又沒有更好的機會，便又繼續安於現狀。上漲的薪資更是安撫了他蠢蠢欲動的心，將他繼續捆綁在那個不屬於他的位置上。如果他能掙脫束縛去追求真正屬於自己的位置，便可以成就更為偉大的事業。

就這樣，原本可以大有作為的年輕人變成了一根豎立在方形坑裡的圓柱子。雇主總是給他們灌輸希望，讓他們忘記自己的才華所在。儘管他們最終幡然醒悟，明白自己選錯了路，但也只能無奈地感嘆時光難以倒流，或者希冀上天忽降大任，從而扭轉乾坤？

這正是一失足成千古恨呀！當一位刻苦的年輕人在不屬於自己的位置上努力奮鬥後，雖然沒能發揮自己的才華，沒

能奔跑著前進，但因為不懈的努力，就算是蹣跚而行也能向前走一段距離。儘管是跛腳的人只要持之以恆，也能到達某個地方，取得一定的成就。

於是，我們便自欺欺人，強迫自己相信只要努力就能達到預期目標。每年的一點進步和加薪，便成為我們留守方形坑的藉口。

很多父母出於私心，竟然鼓勵自己的孩子在不屬於自己的位置上努力奮鬥。經歷刻苦和勤奮，他們也許能夠獲得一點進步或加薪，但僅此而已，而他們的父母卻不願意他們冒險改變。他們甚至試圖勸阻自己的孩子，讓他們知難而退。

比如，某個男孩很有做工程師的天賦，但因為走這條路需要多年艱苦的學習且沒有收入，他猶豫不決了，而他的父母則因為花費太大、耗時太長，勸阻兒子放棄。他們於是建議兒子選擇馬上就能有回報的工作。很多年輕的尋夢者正是絆倒在這塊大石頭下，他們急切地想要賺錢，便為當下一點的回報而放棄更遠大的前程。殊不知，比起他們所放棄的，這一點薪酬又算得了什麼。

無論你選擇何種職業，都千萬不要屈服於此種誘惑，不要為了眼前的一點所得便犧牲自己的未來。堅定不移地追求自己的理想，做最適合自己的工作吧！儘管你必須為此付出更多，距離回報更遠，時刻記住將來的豐收便可。也許在找

第十五章　確立自己的位置

到屬於自己的職位前，你不得不頻頻跳槽，但不必對此感到害怕，義無反顧地去尋找自己的未來吧！

在大學的划艇訓練中，教練會先讓運動員們在每個位置上都試划一下，以測試他們的最佳發力點。有的運動員必須位於船頭才能發揮水準，而有些在船中央，有些則在船尾。有的運動員擅長在右船舷划槳，而有的則習慣左船舷。同樣，人的一生，只有找到了屬於自己的位置，才能發揮出最大的力量。

我聽說在某家大型百貨公司，一個在黑色系商品部做銷售的女孩由於業績太差，其部門經理決定解僱她。然而，身為一個有責任、善良的人，這個經理並沒有立即將女孩解僱，而是先找她談話，了解她失敗的原因。女孩坦言道，這份工作完全提不起她的興趣，她無法投入到工作中。經理進一步追問，發現女孩對色彩十分敏感，喜歡搭配顏色。於是他便毅然改變初衷，將女孩調到其他部門，讓她的才能得到更好的發揮。女孩在新的部門工作得很開心，她不需要像從前銷售黑色產品那樣賣力不討好，反而獲得了更大的成功。

人生如同划槳，只有找到了最舒服的位置才能發揮出自己的最大能量。抱著愉快的心情信心十足地工作和像做苦力一樣強迫自己工作是不一樣的。前者自發地採取積極主動，充滿熱情，後者則消極被動，充滿了痛苦。

很多人在毫無了解的情況下便草率入職，而當新鮮感過去後，又懊惱地發現自己被捆在錯誤的職位上，一生都將難以得志。

　　還有一部分人則好逸惡勞，他們討厭麻煩，不願意付出，往往滿足於輕鬆平凡的職位。

　　正因為如此，很多年輕人難以全身心地投入到為未來人生做準備的學習中。醫學院的年輕學子們，漸漸地對複雜瑣細的解剖學、化學、生理學等心生厭倦，還沒有領略到醫學的奧妙便開始厭煩。他們看到那些年輕的律師們夾著神祕的綠色公事包穿梭在街道上，聽他們在法庭上為案件做辯護，便感嘆學法律和學醫一般瑣碎無趣，甚至同情他們，認為他們跟自己一樣也是入錯了行。而法律系的莘莘學子們則在為布萊克斯通[52]的《英格蘭法律評論》頭痛不已，認為學法比學醫更是一個錯誤的選擇。現實與預想相差太遠，他們甚至羨慕起學醫的同學，嚮往醫生的職業。

　　我聽說有一位年輕人，懷抱成為律師的夢想，獲得其父親的同意，到某律師事務所實習。僅僅一個星期，他便疲憊地打道回府，其父親驚奇地問道，難道他不喜歡法律嗎？年輕人回答道：「不，我甚至後悔自己居然浪費了那麼多時間去

52　威廉·布萊克斯通（Sir William Blackstone，西元 1723 ～ 1780），英國著名法學家，著有《英格蘭法律評論》等。

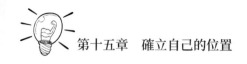

學習它！」

　　年輕人初入職場時總會覺得工作單調枯燥，他們在實習初期感到失望是在所難免的。然而，如果他們真正適合所選擇的職業，在入門後，便能獲得越來越多的滿足感，從而更加信心十足地投入到工作中。

　　不幸的是，大多數的年輕人還沒有走到這一步便洩氣了。他們的工作永遠無法成為生活的一部分。他們動輒放棄，沒有足夠的勇氣和毅力堅持下來，也因此無法在任何領域裡獲得成功。

　　無論你擁有什麼才華、夢想，在選擇職業前都要三思，要先了解清楚自己。選擇的職業應要符合自己的個性，能夠讓你發揮出最大的才能。切莫成為任人操控的機器人，而是要自己做主，因為你的選擇將會成為你生活的一部分，而你的態度則折射出你的理想。

　　不要因為你的父親、叔叔或者兄弟在從事某項職業所以你也做出同樣的選擇。不要因為你的父母、朋友希望你繼承家業所以你就屈服。不要因為羨慕別人賺錢多所以你也跟隨主流。不要因為眾口一詞說某種職業好，你也就盲目追求。世人所認為的好職業往往安逸穩定，不需要你去披荊斬棘，付出太多的努力，但同時你也就失去了學習及鍛鍊的機會。

　　很多人竟然因為覺得某些職業很光榮這種的可笑的理由

選擇從事法律、醫學或者宗教等行業。而他們很有可能會成為成功的農場主人或者商人啊！他們所認為能夠帶來榮譽的職業，只會愈加顯示出他們的無能和卑微。

一旦確立了自己的定位，則永不回頭，堅持到底。不要讓任何事情使你分心，也不要因為任何困難或者沮喪而動搖信念。

義無反顧的決心、堅定不移的目標，是滋養成功的精神力量，是給別人帶來信心的根源。只有這樣的人，才能夠得到他人的信任以及支援。人們通常只會相信目標明確之人，即使他從事了不適合自己的職業，人們都會願意說明他改變自我。因為堅毅之人擁有堅定的信念以及大無畏的勇氣，使得世人相信他們不會失敗。

選擇職業生涯時，請務必靜下心來傾聽內心的聲音，不要讓任何雜念或者欲望把心中的清澈之音淹沒。時刻提醒自己每一次的選擇都關乎未來，所以不可草率。年輕時不要以世俗的標準選擇職業，而更要看重是否有益成長、有益社會，以及是否能給自己和他人帶來快樂、福音。

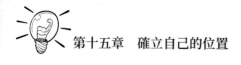

第十五章　確立自己的位置

第十六章
快樂的訣竅

第十六章　快樂的訣竅

　　前哈佛校長艾略特在他的「快樂人生」講座上說道:「任何事情都有好壞兩面。就拿東北風來說，有的船隻會因之偏離航道，有的則被其引起的巨浪打到懸崖峭壁上。海上刮起的東北風對我們而言是自然災害，不但能毀壞財產，還能奪走生命。然而，在大陸上，它卻給萬物帶來雨露恩澤，澆灌了成千上萬的農田，還為人類和動物帶來甘泉。」

　　我們想要得到快樂，就應該積極培養自己心中陽光的一面。只有樂觀的生活態度，才能為心靈帶來甘泉。

　　如果人人都懂得這個道理，把自己內心的陰暗面塵封起來，那麼人類社會離太平盛世不遠矣。到那時，每一個人都能感到幸福，每一個人的生活都像是在唱歌而不是在哀鳴。

　　然而，我們大家卻總將快樂拒之門外，自己躲進陰暗的角落裡自哀自憐，放著充滿歡樂與陽光的康莊大道不走，反而去鑽陰暗醜惡的下水道。內心的猜疑、恐懼、焦慮、嫉妒、怨恨以及自卑便一點一點地侵蝕我們，把快樂和光明全都趕進角落的牢籠。

　　西奧多·凱勒[53] 曾說:「關上窗戶就是拒絕陽光。快樂和陽光一樣，不是索取就能獲得，而是要靠行動。」如果我們想得到快樂，就必須拆掉封住窗戶的圍欄，讓陽光射進房間。只有掃清阻擋快樂的障礙，快樂才能充滿我們的靈魂。

53　西奧多·凱勒 (Theodore Cuyler，西元 1822～1909)，美國長老會牧師，作家。

世上再也沒有比開朗的心情、樂觀的人生態度更有效的良藥。它可以治癒所有疾病，安撫所有傷痛。一個人即使一窮二白，只要個性開朗，就不會去計較人生的得失苦痛，一心只想快樂生活。而內心陰暗憂鬱之人，即使擁有全世界的財富，也無法買到快樂。

　　我認識一位心靈陰暗的有錢人，他去到哪，就能把自己的壞心情帶到哪。他從來沒有說過一句讓人感到愉快的話。他整天悶悶不樂，待人刻薄，自私自利又貪婪無比，連他自己的孩子都討厭他。而妻子則為了生活不得不忍受他。哪一天他要是離開了人世，我想大概沒有人會感到傷心吧！可悲的人吶，這樣的人生還不如不活。我寧願放棄所有財產也不想像他那樣陰鬱乖戾。因為再多的錢，也買不回能照耀我們靈魂的陽光。

　　無論是我們內心的陽光還是真實世界的陽光，都象徵著力量、健康以及新生。而陰暗潮溼只能孕育惡臭、雜草、弱小且病態的植物。內心的陰暗則可以削弱一個人的意志，使之麻痺、萎靡。

　　心靈的陽光是靈魂的補品。它能使你的眼睛煥發光彩，身體充滿活力，臉上點燃希望。它是人類獲得的最好禮物。正如地球上的陽光能夠喚醒萬物，為大地帶來一片生機，人類內心的陽光也可以喚醒你身上的潛能，帶給你精神和體能

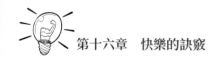

上的力量。

　　我們發現，快樂、滿足感以及心靈的平和可以使人健康，增強人的免疫力，對抗潛伏在身體內的病菌。而擔心、長期焦慮以及沮喪的情緒則會誘發病菌，使人生病。心情沮喪可以削弱人天生對疾病的抵抗力，所以很多人都是在聽到壞消息或受到打擊時病倒在床的。

　　很多人無疑是精神上受到了打擊才生病的。一個好醫生會懂得不讓病人得知壞消息從而加重病情，他會想方設法為病人營造一個輕鬆愉快的休養環境。研究顯示，積極快樂的病人比消極憂鬱的病人能更快恢復健康，其比例是十比一。好心情能緩解病情，幫助病人儘快恢復健康，而積極的心態更是一劑良藥。保持一個好心境就是維持精神的和諧。精神和諧了身體才能和諧，我們才會有力量去工作。

　　如果我們每天都能告訴自己要開心，要大度，要助人為樂，要積極樂觀，那麼不論我們心情有多糟糕，都可以借助積極的心理暗示把陰霾驅散。我們有能力讓自己陷入悲傷，就有能力重拾快樂。快樂與否，全看我們請什麼客人到心裡做客。是朋友、快樂、愛、希望？還是敵人、沮喪、恨、嫉妒？選擇權在我們自己手中。我們都可以這樣告訴自己：「我是自己的主人，我要為自己做主。由我來決定把哪類客人請入靈魂。」

我們躲進心靈陰暗的角落，不是想改變什麼，只是在可憐自己。抱怨、責難，都是在削弱自己的力量，使自己在困境中越陷越深。我們縱容敵人對靈魂肆意破壞，任由自己變得討厭、難以忍受。只有下定決心為自己開啟快樂之道，才能徹底擺脫這些敵人。畢竟，他們只是入侵者。和諧、健康、美麗、成功這些才是靈魂的真正主人。主人回來了，小偷們自然就要撤退。

　　很多人透過快樂的管道，把內心的陰霾統統趕走。從陰暗的角落站起，拋掉煩惱、憂慮以及埋怨，再重獲新生。

　　只要我們願意，誰都可以成為樂觀主義者。我們首先要做的，就是清除思想中的病態分子，用積極陽光的新思想取代之。

　　我們對自己的痛苦關注太多。身體稍有不適，或受了點輕傷，或遇到一點麻煩，就大驚小怪。這說明我們太自戀，太自私了。曾經就有一位偉大的哲學家說道：「我努力讓自己記好不記壞，因為我相信每個人都有義務這樣做。」

　　人為了改變環境、實現夢想，竟能下定決心只去看事物美好、充滿希望的一面，而拒絕承認其黑暗醜陋的另一面。而這種堅定不移的決心，常常能改變最不利的環境，給處在黑暗之中的鬥士帶去勝利。

　　勇敢的母親，堅信一切總會好轉，只要她盡了全力，總

第十六章　快樂的訣竅

能改變惡劣的環境，於是她每天都鼓勵自己，保持積極愉快的心態，用自己的雙手創造奇蹟。這種堅定不移、積極向上的信念，幫助母親帶領全家人走出貧窮，還清了所有貸款，甚至供孩子們讀完了大學。母親不屈不撓的樂觀精神創造了奇蹟，成全了孩子們的將來。

　　樂觀的人總能振奮人心，他們給身邊的人帶來活力以及成功的希望。他們散發出來的力量和勇氣，鼓舞和幫助了身患殘疾的人克服困難，為他們帶來新的生活。海倫·凱勒說：「儘管生活充滿了痛苦，但更充滿著希望。」多麼諷刺啊！這樣的話語竟是一位聾啞盲的小女孩對世上很多身體健全人士的鼓勵！她雖然身殘，但不沉淪，仍然樂觀向上，為世人傳播希望的福音。

　　羅伯特·路易斯·史蒂文森[54]，又一位生活的勇士，儘管終生疾病纏身，大半生窮困潦倒，仍然不忘給世人帶來陽光，用快樂鼓舞人心。曾經有人這樣評價史蒂文森：「沒人能不被史蒂文森樂觀快樂的筆觸所鼓舞，儘管他本人一生都必須與病魔鬥爭。他憑藉堅強的意志，不讓身體上的痛苦影響心靈。史蒂文森堅信，人的最大責任就是要保持樂觀向上的生活態度，並用這種精神感染別人。他認為，用自己的痛

54　羅伯特·路易斯·史蒂文森（Robert Louis Stevenson，西元 1850 ～ 1894），英國小說家，《金銀島》（*Treasure Island*）的作者。

苦帶給別人的生活陰霾是極其可悲的。就在這樣一副病弱的身體裡，我們看到了英雄之魂。他不但感染了周圍的親朋好友，還把快樂帶給千千萬萬的讀者。」如果你讀過史蒂文森的致讀者信，你一定也深有同感。

「高興起來吧！」我們的救世主曾經多少次這樣鼓勵我們，就連在他傷痕累累的時候，他還不忘對其門徒說：「高興起來吧！讓心裡充滿快樂！因為快樂是唯一無人能夠奪走的。」我們只有養成樂觀積極的思考習慣，才能真正感受到快樂，擁有幸福。樂觀的生活態度不僅可以給旁人帶來陽光，還能磨利我們的能力，發揮我們的最大才能。

思想決定命運。儘管只是靈光一閃的想法，也能從此改變我們的命運，影響其他人的人生。如果我們思想陰鬱、消極、或者病態，我們的性格、精神、道德甚至身體都會受到不好的影響。而如果我們思想陽光、樂觀、健康，則能讓身體的每一個細胞都充滿活力，感覺愉快。

我們天性喜歡快樂，如果我們悲傷了，那是因為不肯放棄憂鬱的念頭，不願去看事物的光明的一面，沉溺於陰暗的角落。拉斯金說：「我們生性愉快，世上充滿了許多美好的事物等待我們去欣賞，如果你看不見，那是因為你太執著於自己的悲傷。」

不久前我到太平洋海岸旅行，在聖弗蘭西斯科的金門公

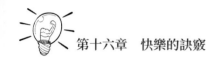

園裡遇到一個只顧低頭走路的男人。他滿臉的焦慮和怨恨，儘管周遭滿是不可言喻的美景，他卻像瞎眼了一樣，什麼也沒看見。

自私和貪婪都是阻擋在快樂通道上的障礙，很多美好的東西因此沒法進入我們的生活。而那些只想著自己的快樂，為了保證別人言聽計從就隨意踐踏其權利和情感的人，永遠都不會明白什麼是真正的快樂。他們以自我為中心，腦袋裡只裝著自己的幸福或金錢，卻不知道是自己親手把通往真正快樂的大門給關閉。

很多人都將日常生活之美拒之門外。我們沉浸在對自己的譴責裡，甚至給自己想像困難，而對世上的一切美好事物卻熟視無睹。被我們拒之門外的無價之寶是用金錢買不到的，只要對它開啟大門，無論對王子還是庶民，都能獲得快樂。浪漫主義詩人露西·拉科姆[55] 說：「上帝為我們創造了四季的更迭，就是想讓我們體驗不同的快樂。『上帝造萬物，各按其時成就美好。』我們應該心存感激，欣賞四季之美」

大自然就是人類的伊甸園，處處充滿美，時刻在輕聲喚起我們的注意。可是我們的心智被利益、野心所迷亂，既聽不見呼喚，也看不到、觸不著美。我們完全沉浸在自己的痛苦中，蒙上自己的眼睛，關上自己的耳門，對震撼人心的美

55　露西·拉科姆（Lucy Larcom，西元 1824 ～ 1893），美國詩人。

麗視而不見，對天使奏響的音樂聽而不聞。我們關上通往快樂的道路，把流向靈魂和肉體的甘泉截住。為了吹彈即破的紙鈔，他們竟然封閉自己的五官，阻止載滿美好事物的甘泉滋養靈魂。他們聽不見環繞在我們耳邊的和諧之音，聽不見小鳥的歌唱、微風的輕吟。草地上的小草歡快地向他們招手，他們全然熟視無睹。我們也曾生活在一切可愛、甜美、和諧之中，那時的我們是那麼的無憂無慮。然而，當利益、野心蒙蔽了我們的雙眼，封閉了通往快樂、和諧的道路，我們就把上帝的恩賜丟棄，忽視能帶給我們勇氣與幸福的美好事物。

　　一個瑞典老闆在自己的餐館裡寫道：「只要你心情愉快，就能在這裡吃到最美味的食物。」這個老闆無疑對人性有著很深刻的了解。我們無論去到哪裡，所見之物都會隨心而變。如果沒有度假的心情，無論去到哪裡都無法專心玩樂。一個人的思想世界足以改變他對真實世界的感受。我們必須明白，自己快樂與否完全取決於自己，跟環境無關。治療精神疾病的靈丹妙藥只存在於自己的身上，而針對人性之毒如自私自利、嫉妒、怨恨、憤怒以及一切的邪惡想法和消極情緒的解藥也一樣只能在自己身上找到，它們以愛、仁慈和善良的形式替我們開啟通往快樂以及一切美好事物的康莊大道。

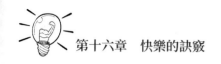

第十六章　快樂的訣竅

很多人對自己的人生感到失望是因為他們沒有將能夠帶來快樂、陽光以及希望的客人請進自己的靈魂。我們常常允許黑暗、絕望以及沮喪自由出入，堵塞通往快樂的道路。只要它們還停留在我們的思想裡，我們便永遠無法真正快樂起來。上帝賦予了我們抵抗黑暗勢力的力量，我們就應該在適當的時候加以利用。只有打敗了憂鬱、絕望等消極分子，我們才能給自己營造美好世界，從此快樂滿足地生活。

但願我們每一個人可以像梭羅[56]一樣，驚呼道：「原來世界如此變化多端，生活處處埋伏著驚喜！」

56　梭羅（Henry David Thoreau，西元 1817～1862），19 世紀美國最具有影響力的作家、哲學家。

第十七章
高尚的人生

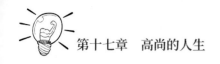

　　「假如人生不是一場真正的戰爭，」威廉‧詹姆斯[57]說，「它只是我們自導自演的一場戲。然而人生就是一場戰爭，因為我們生來具備七情六欲，所以必須用理想以及信念對之加以控制、改造。」

　　人類有史以來打得最為持久的戰爭就是靈魂與肉體之戰。肉體勝利了，我們的動物屬性便控制住靈魂，並逐步消滅人類所有的高尚品格。

　　肉體的需求是為了讓我們的生命得到延續，從而完成上帝賦予我們的使命，而不是要把自己退化為純粹的動物。我們必須讓靈魂棲居在大腦的最高位置，與美、理想、情感、仁慈以及尊嚴等為伍。只有我們的靈魂能在這些美好特質的薰陶中成長，我們才能真正體驗人生之快樂。與美為伴，即使平凡，也心悅神怡。高尚之品格不僅充實了我們的快樂，讓之更有深度與廣度，還充實了我們的人生，賦予我們生活的意義。

　　為吃飯而生活的人只能活在精神最底層。他們不擁有理想、抱負或者其他高尚情操。比起活在精神高層的人，他們無法感知許多東西，更無法體驗人生的真正快樂。

　　享樂主義者提倡「及時行樂」，然而他們的快樂卻只停留

57　威廉‧詹姆斯（William James，西元 1842～1910），美國本土第一位哲學家和心理學家，也是教育學家，實用主義的倡導者，美國機能主義心理學派創始人之一，以及美國最早的實驗心理學家之一。

在滿足口腹淫等生理欲望上，因而他們並未享受到人生真正之樂。

人生的最高目的應為提升自身價值。擁有廣闊的精神世界、擁有對美好事物的愛與欣賞，都要比懷抱一逕逕的鈔票和滿屋的奢侈品要有意義得多。許多靈魂枯竭之人都死在堆滿金銀財寶的房屋裡。對世界貢獻最大的人，都是為生活而吃飯之人。他們選擇聽取靈魂的心聲，選擇過高尚的生活。

如果我們能把自己身上的每一個細胞都培養成隻接收美好特質的「無線電臺」，那麼我們便能最大程度地享受人生之樂。我們的所有感官都能感知到真善美，於是生活得以昇華，得以超越平庸。

在米勒[58]的時代，很多畫工都自我標榜為藝術家，然而他們所作之畫全然沒有米勒作品的深度。他們缺少米勒發自內心對農民的同情，缺少米勒對事物的感知力，因而也就畫不出米勒畫作裡所呈現的深邃思想。

我們大部分人都只停留在人性之船的船艙裡，靠著舷窗看外面的海水。只有極少數人勇於爬上甲板，得以目睹海洋的廣袤。他們在甲板上極目遠眺，看到了凌駕在生理欲望之上的真實與美麗，於是從此擺脫底層生活，定居在更加真實

58　尚 - 法蘭索瓦・米勒（Jean-Francois Millet 西元 1814 ～ 1875），法國巴比松畫派畫家，以表現鄉村風俗題材著稱。

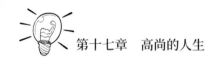

的精神世界。

很少有人會去發掘生活之美,把單調乏味的工作視為成長的必經之路。我們大都把自己埋沒在日常的枯燥生活中,例行公事似的耕耘自己的靈魂,像海蜇、簾蛤等低等軟體動物一樣存在著。這樣的人其實並沒有真正活著,因為他們的精神生活是貧乏的。

然而,物質生活並非就不重要,只是我們應該以精神生活為主導。我們人人都需要錢,因為金錢可以為我們換取生活必需品和很多美好的東西。假如我們能以正當的方式賺錢,並將賺來的錢用於對社會的奉獻上,那麼,我們的靈魂也將得到滋養。「成功的人生來自高尚的靈魂。」我們也因此能夠爬上人生的巔峰。

很多百萬富翁就是用正當的方法賺錢並把錢用在造福人類上。既有能力賺錢,又有能力將夢想變成現實,造福世界,何樂而不為?我們反對的只是那些犧牲靈魂換取物質享受的人,如果能在對金錢的欲望的驅使下,不違背原則地賺錢,並將所得用於造福世人,豈不是一種雙贏?

就拿前哈佛校長查爾斯·威廉·艾略特來說,如果他當初進軍商界賺錢,誰會懷疑他優秀的行政能力和領導能力無法讓他成為美國的另一位大財閥?然而艾略特並沒有選擇富翁之路,而是將其一生都獻給了教育事業,領的薪水甚至

比一些行政人員或大部分的私人祕書還少，但他卻深深地影響了美國眾多的年輕人。想想看吧！在任職期間，有多少哈佛的天之驕子被他的人格魅力、事蹟所深深影響！而哈佛大學正是得益於他的領導，從一個地方大學躋身為世界一流大學！和那些靠剝削別人也摧殘自己靈魂的百萬富翁相比，艾略特難道不是更為成功嗎？

有很多身家百萬甚至億萬的富翁都是白手起家，憑藉自己不屈不撓的精神獲得成功的。但他們有些雖然獲得生意上的成功，卻沒有經營好自己的人生。他們沒有發掘自己人性中最高尚的品格，因而沒能發展為上帝的傑作。

人應該要超越自己的所得，讓人格魅力的光芒蓋過所得到的財富。而如果是以犧牲人格來換取金錢，則得不到人們的真正尊重，他們所看到的只有你的財富。

我們應該重新審視百萬富翁，他們把自己的一生都變成鈔票，身為人他們是失敗的。甚至不放過替他們賺錢的員工們，想盡了一切辦法對之進行壓榨。

當一個人讓錢財主宰自己的事業甚至人生時，他已經退化為人類的標本。金錢用這個標本為自己製造了一個牽線木偶，並任意地擺布之。這時的人已經成為看守財產的奴隸或門衛。相反，人類的巨人是不為任何東西所擺布。他們昂首挺立，拿著手中的工具造福世界。如果他擁有了財富，他只

第十七章　高尚的人生

會將之納入自己的工具箱中，增強自己的力量，以便更好地造福人間。

倘若世界少了這些人，人類的前途將一片灰暗。幸好世界各地都有此類高尚之人。我們常常聽說美國的拜金主義會削弱美國人的理想。儘管此話太對了，但我們也必須承認還是存在不為金錢所動的人，他們像英雄一樣為理想而奮鬥、犧牲。

那些我們大家都認識的公眾人物，他們頭上罩著名氣或財富的光環，然而這些人不一定就是對社會有用的人。反而我們國家又千千萬萬名不見上報的人實際上對美國歷史做出了更大的貢獻。在學校裡的老師和教授都在為國家培養未來的希望，他們的貢獻是無價的。

這些人如果把他們的知識、處理事情和組織能力運用到商場上，說不定可以賺到一筆財富。然而他們選擇為理想奮鬥，為理想犧牲，只要能夠推動世界的進步，充實自己的人生，他們寧願不用他們的才華去換取金錢。世上還有一些看似低微的工作，如店員、裁縫、技工、苦力、農民以及為培養子女辛辛苦苦工作的父親、母親，他們也是推動世界前進的人群，雖然他們也曾經懷有夢想，儘管沒能實現，又誰能說他們現在做的工作不是重要的？

建立高尚的理想吧！儘管你因此生活窘迫，也好過僅僅

為了吃飯而生活。很多人只有在追求財富的道路上才能發揮自身的潛力。對他們而言，財富是成就一切事業、主宰生活的動力。財富去哪裡，心就跟到哪裡。我們心中的渴望，往往引領人生發展的方向。一味向下看的人無法到達高處，而滿眼金錢的人也看不到更高的理想。一旦選擇了方向，就很難再回頭。我們選擇了怎樣的人生動力，就是選擇了怎樣的人生。

很多年輕人都是懷抱美好的理想離開校園的。儘管他們本性善良，但卻沒有膽量堅持自己的理想。他們渴望美好的生活，卻害怕遭到嘲笑和批評。於是他們出於對自己利益的考慮，離理想越來越遠，直到幾年過後驚訝地發現自己早已失去對美好事物的憧憬，取而代之的是對金錢的欲望、貪婪。理想已經變質，他們不再向生活之上努力，反而越爬越低。他們對美的感知力已經接近麻痹了。

建立遠大的理想，並以堅定的信念為之奮鬥，不為外力或誘惑所動，才能強化我們的人格，給生活帶來美與尊嚴。有的人也許想要隱藏自己的真實理想，然而我們都逃不出旁人的火眼金睛。我們是雄心勃勃還是自甘墮落，他們很容易便能得知。沒人可以欺騙這個世界，或者隱瞞自己要走的道路。那些壯志凌雲奮勇向上的人，不會為任何誘惑所動，也因而贏得世人對之的敬仰。

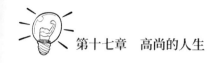

第十七章　高尚的人生

世上最富悲劇的一幕莫過於一個垂暮老人在悲哀地回憶自己年輕時候曾經擁有過的種種熱忱和理想。而如今，他對美的感知能力早在很久以前就已經枯竭，只剩下無能為力的回憶。儘管他的財產過億，在精神上也只不過是個乞丐。如果時光能夠倒流，他願意用他的全部身家換回感知快樂的能力。

上帝對人類說：「儘管拿吧！只要你付出代價。」而古波斯也有一句諺語說：「魚與熊掌不可兼得。」人生是公平的，有得就必有失，誰也無法蒙蔽上帝的慧眼。靈魂就像精於計算的會計師，我們誰也無法逃出自然的規律，為金錢犧牲靈魂的人遲早都要付出代價。

菲利普斯·布魯克斯曾說：「我們常常為不爭氣的自己感到生氣。」很多人因為不能成為自己理想中的人而感到怨恨，從而憎恨自己，憎恨生活。很多人就是因為無法原諒自己，於是借助毒品或酒精麻醉自己，不讓自己想起痛苦的回憶。他們迫切需要忘記自己曾經是一個多麼美好的人。

正是因為有對理想的追求，我們才有了奮鬥的動力。成功的祕密就在於此。高尚總能戰勝低微。只有這樣我們才能累積真正的財富，實現個人價值。

真金不怕火煉。如果你能不斷提升自己的精神境界，累積智慧，堅持理想，那麼無論是怎麼樣的大火都無法燒毀你精神的財富。克己之人、心靈平和之人，才能成為真正富裕

之人，因為他們的財富是任何大火都燒不毀的。

　　我們總有一天會停下腳步，仔細地思考自己的人生之路應該怎麼走。也許是重病難愈的時候，也許是親人去世的時候，巨大的傷痛會讓迫使我們反思自己的人生，這時占據我們思想的反而不會是金錢，金錢在此時此刻似乎變得不那麼重要了，而人生真正寶貴的東西一一浮現在我們眼前。我們到那個時候才明白，自己原來本末倒置了。我們於是做回自己，思考曾經純潔的靈魂是如何一步步受到汙染，最後遠離我們而去。

　　不久前，一個多年刻苦經商的商人跟我說，他最近遭遇了人生一大變故。他早年的好朋友突然過世了。他當時聽到這個噩耗恨不得用自己的全部財產去換回彌補這段友情的時間，因為他以前一直忙著賺錢，覺得自己沒有時間去和舊友重敘友情，甚至連好友的來信都沒有回覆，更別說一起聚會了。他想重新串起因為忽視而斷裂的友誼之鏈，找回自己內心的那份純真。

　　我們總是匆匆忙忙，埋頭於每日繁忙的工作，甚至抽不出時間耕耘生命中的美好事物，任其因為缺乏照料而枯死。在我們匆忙趕電車或火車時，總是忽視生活的美好東西，漸漸地便視而不見了。擁有汽車甚至比手足之情或者友誼變得更重要了。

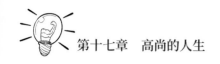

　　何不抽出漫漫人生的一點時間坐下來好好思考自己的人生？問問自己現在究竟在做什麼以及有什麼人生目標。好好思考一下自己今後的人生之路通向何方，理清思緒，找出人生中真正寶貴的東西。

　　停下工作整理整理自己繁亂的生活吧！問問自己是否走岔了路，偏離了正道。重新審視自己是否把時間、精力和興趣放在了真正有意義的事情上。假設自己失去了親人或摯友，想想你現在專注之事是否還有那麼重要？

　　如果得出的結論是，生活空虛，美好的日子一去不復返，那麼你就該明白問題出在自己身上。你的人生已經誤入歧途，陷入了泥沼而不是攀上了高峰。

　　過於緊張的生活往往使得我們忽視生活的樂趣，看不到最普遍的美。只要我們有發現美的眼睛，就算是日常生活中最渺小的東西也蘊藏著妙不可言之美。想想童年時代的諸多樂趣吧！就是看到最普通不過的事情也能讓我們激動半天。我們為鳥的到來以及春天的花開感到欣喜萬分，就連看到穿梭花群採蜜的蜜蜂，聽到蟋蟀啾啾的叫聲，都能感到喜不自禁。

　　胸懷大志之人絕不會允許自己只為滿足肉體而活。他要把最大的精力放在對靈魂的昇華上，因為肉體只是靈魂的暫時棲居所，只有靈魂才能得到永恆。他知道靈魂只有承載美

好高尚之品格才能得以千古留芳，因而將其一生獻給了對高尚事業的追求。

官網

國家圖書館出版品預行編目資料

發掘生命中的無限可能：待在不適合的領域、衝動控制不了自己、生活無聊至極……心裡沒有嚮往，人生才會過成這樣！ / [美] 奧里森·馬登（Orison Marden）著，孔謐 譯 . -- 第一版 . -- 臺北市：崧燁文化事業有限公司 , 2023.06
面；　公分
POD 版
ISBN 978-626-357-383-3(平裝)
1.CST: 成功法 2.CST: 自我實現
177.2　112007121

發掘生命中的無限可能：待在不適合的領域、衝動控制不了自己、生活無聊至極……心裡沒有嚮往，人生才會過成這樣！

臉書

作　　　者：[美] 奧里森·馬登（Orison Marden）

翻　　　譯：孔謐

發 行 人：黃振庭

出 版 者：崧燁文化事業有限公司

發 行 者：崧燁文化事業有限公司

E-mail：sonbookservice@gmail.com

粉 絲 頁：https://www.facebook.com/sonbookss/

網　　　址：https://sonbook.net/

地　　　址：台北市中正區重慶南路一段六十一號八樓 815 室

Rm. 815, 8F., No.61, Sec. 1, Chongqing S. Rd., Zhongzheng Dist., Taipei City 100, Taiwan

電　　　話：(02)2370-3310　　　傳　　　真：(02) 2388-1990

印　　　刷：京峯彩色印刷有限公司（京峰數位）

律師顧問：廣華律師事務所 張珮琦律師

定　　　價：330 元

發行日期：2023 年 06 月第一版

◎本書以 POD 印製